서울 아파트 황금 지도

부동산 입지분석 고수 탑곰의 비밀 노트

서울 아파트 황금 지도

탑곰 지음

비에이블
B.able

오늘이 꿈꾸던 아파트가
내 것이 되는 첫날입니다

학창 시절, 도서관에서 《부자 아빠 가난한 아빠》를 읽은 적이 있습니다. 책에는 두 가지 타입의 아버지가 등장합니다. 열심히 공부하고 평범하게 직장생활을 했지만 늘 카드대금 청구서와 주택융자금에 시달리는 아버지. 반면에, 학력은 부족해도 사업과 투자 공부를 통해 충분한 부를 이룬 부자 아버지. 이 두 아버지의 가장 큰 차이점은 무엇일까요? '돈'을 위해 일한 사람과, 돈이 '자신'을 위해 일하게 한 사람. 진짜 자산을 소유하고 그러기 위한 투자 공부를 '하지 않은' 사람과 '한' 사람의 차이가 아닐까요?

당시 오직 좋은 대학에 가는 것만이 부자가 되는 길이라고 생각했던 저는 이 책을 통해 세상의 실제 모습을 보고, 그 이후 대학에 입학해서도 부동산과 투자 관련 책들을 끊임없이 읽기 시작했습니다.

대한민국은 평생 공부해야 하는 사회입니다. 10대 때는 대학 입시를 위해서 공부해야 하고, 20대 때는 취업을 위해, 30~40대에 접어들어서는 직장에서의 자기 계발을 위해, 50~60대까지도 노후 준비를 위해 계속해서 공부해야 합니다.

그런데 이렇게 공부하는 시간 중에서 부동산에 대해서, 그마저도 어렵다면 아파트에 관해서 공부하는 시간은 얼마나 될까요? 저는 매일 조금이라도 틈을 내서, 부동산 관련 책을 읽거나 신문기사를 찾아 읽고, 인터넷 부동산 커뮤니티에서 정보를 얻으려 노력합니다. 공인중개사 자격증을 취득할 것도 아니면서 공인중개사 무료 강의까지 끊임없이 보며 공부하고 있습니다. 그 이유는 계속해서 변하는 부동산 정책이나 시장의 상황을 파악하고, 시세 정보 등을 얻기 위함입니다.

공부를 하는 것은 그것이 부로 연결되지 않더라도, 인간의 삶에 있어 꼭 필요한 태도라고 생각합니다. 하지만 그렇게 열심히 일하고 공부한 결과로 노후가 보장되지 않는다면 그 또한 바람직한 일은 아닐 것입니다. 내가 노력하고 열심히 한 만큼 노후에도 가족이 편히 쉴 수 있는 자산, 곧 '내 집'을 마련할 수 있어야 합니다. 그렇게 그 집에서 행복한 제2, 제3의 인생을 펼칠 수 있어야 할 것입니다.

부동산 공부는 거창하지 않습니다. 평생에 걸쳐서 해야 하지만 그렇다고 매일 고3 수험생처럼 오랜 시간을 들여 공부해야 하는 것도 아닙니다. 입시 공부야 아무리 공부한다고 해도 내가 원하는 대학의 정원이 정해져 있으므로 경쟁률이 치열하지만, 부동산 공부는 내가 제대로 공부해서 원하는 아파트를 매수하러 가면 정해진 가격이 있고, 그 가격에 먼저 살 수 있는 사람이 이기는 것이기에 경쟁률이 그렇게 치열하지도 않습니다.

이처럼 가장 좋은 공부 방법은 직접 내 집을 마련하고, 그 집을 매도까지 해보면서 부동산에 대한 전체적인 시야를 확장하는 것입니다. 하지만 바로 실행하기 어렵다면 그전까지 간접적인 경험이라도 최대한 많이 해보는 것이 중요합니다.

저는 《서울 아파트 황금 지도》를 통해 부동산 초보들에게, 무엇보다 이제 똘똘한 집 1채를 마련해보려는 사람들에게 투자 자금별로 살 수 있는 가장 가치 있는 서울의 아파트를 소개하고자 했습니다. 현재까지 서울 아파트값의 흐름과 현황을 정리했고, 이를 통해 미래의 부동산 시장을 내다본 후, 자산과 연령, 상황에 따라 투자할 수 있는 아파트를 엄선했습니다.

"탑곰 님, 이 금액으로 서울에서 어디를 사야 할까요?"

가장 많이 들은 이 질문에 대한 답을 드리기 위해, 서울 전역을 임장하며 고민을 거듭한 제 생각들을 이제 독자 여러분께 나눠 드리려 합니다. 지난 1년간 실거주자의 관점에서 내 집 마련과 투자라는 두 마리 토끼를 잡기 위해, 끊임없이 쏟아지는 호재 소식과 변화하는 집값 사이에서 알짜 정보만 추리고 정리하며 치열하게 결과물을 만들어냈습니다. 부디 이 책이 독자 여러분의 내 집 마련에 조금이라도 도움이 되기를 진심으로 기원합니다.

나 자신은 물론, 부모, 남편, 아내, 아이들, 미래의 손주들까지도 책임질 수 있는 것이 지금 내가 하는 부동산 공부라는 생각을 잊지 않았으면 합니다. 어쩌면 부동산은, 그중에서도 특히 아파트는 우리가 가장 열심히 체계적으로 공부하고 관심을 가져야 할 단하나의 필수 과목일지도 모릅니다. 저는 평생 이 과목을 공부할 계획입니다.

《서울 아파트 황금 지도》와 함께 부동산에 있어서만큼은 최소한 우등생이 되어보면 어떨까요? 이 책을 펼친 지금, 바로 오늘이 꿈꾸던 아파트가 내 것이 되는 첫날입니다.

차례

PART 1.
아파트, 사면 불안하고
안 사면 불행하고

PART 2.
앞으로 어디를 사고, 어떻게 투자해야 할까

PART 3.

반드시 사야 할
서울 아파트가 있다

PART 1.

아파트, 사면 불안하고
안 사면 불행하고

코로나 이후, 자산 격차의 결정적 열쇠는 아파트

근래 가장 큰 화두는 코로나19였습니다. 아직도 현재 진행형인 이 엄청난 전염병이 우리에게 미친 영향은 실로 엄청납니다. 전세계 경제가 공황 상태에까지 치달았고 매일 수많은 사람이 신규 감염되고 심한 경우 사망에까지 이르고 있습니다. 지난 한 해는 사람들의 기억에서 집 밖으로 나갈 수 없고, 무거운 마음으로 뉴스를 확인해야 했던 암흑기로 남을 것 같습니다.

그러나 코로나19는 누군가에게는 기회가 되고 있습니다. 집 안에 있어야만 하는 시간이 길어진 만큼, 집의 중요성이 커지고 가치가 높아졌습니다. 단순히 아파트를 소유했을 뿐인데, 코로나19 이전과 이후에 삶의 만족도와 자산의 격차가 벌어진 사례는 주위에서 흔히 찾을 수 있습니다. 제 주변만 해도 전셋집에 만족하며 살던 사람과 고민 끝에 대출을 안고 과감히 서울 끝자락에 내 집을 마련한 사람의 자산 수준이 달라져 버린 경우를 심심치 않게 볼 수 있을 정도입니다.

안타깝지만 이러한 자산의 격차는 한동안 더 심화될 것으로 보입니다. 지금처럼 하루가 다르게 집값이 오르는 상황에서는 신축 청약을 하거나 구축을 매수하여 '내 집'부터 마련한 이후에야 자산 가치를 키워갈 수 있음이 분명합니다. 그렇기에 그 시기를 조금이라도 앞당기는 편이 현명할 것입니다.

코로나19는 우리가 사는 방식도 많이 바꿨습니다. 재택근무는 당연한 업무 방식의 일환이 되었고 불필요한 외부 모임이나 대면 접촉을 최대한 자제하는 방향으로 삶이 달라지고 있습니다. 제가 다니는 회사 또한 재택근무의 상시화를 검토 중이고 다른 국내 기업들도 재택근무를 이번 기회에 활성화하려는 모습을 보입니다. 미국의 페이스북은 향후 5~10년 이내에 전 직원의 절반 이상이 재택근무를 하게 될 것이라 발표하기도 했습니다.

굳이 사무실에 출근할 필요도, 지방으로 출장갈 필요도 없는 업무 형태의 개선은 단순히 원격 화상회의가 보급되던 시절과는 차원이 다른 변화입니다. 진정한 사회적 거리두기가 실현되는 언택트 사회가 된다면 대한민국의 아파트는 어떻게 달라질까요?

저는 눈이나 비가 와도 외부 접촉 없이 바로 어디든 자동차로 이동할 수 있도록 엘리베이터가 연결된 지하 주차장을 갖춘 아파트, 바깥 활동을 하지 않더라도 내부에서 모든 편의시설을 이용할 수 있도록 인프라가 갖춰진 대단지 아파트, 평면 설계가 잘 나와서 숨은 공간이 없고 가능하면 알파룸까지 갖춰 재택근무 시 사무실로도 쓸 수 있는 공간이 따로 있는 아파트, 한강변이나 숲세권에 위치해서 집 밖으로 나가지 않더라도 자연환경을 바라볼 수 있는 아파트, 그리고 대형 종합병원이 가까워 건강 문제까지 안심할 수 있는 아파트가 앞으로 인기 있는 곳이 될 것이라고 생각합니다.

이러한 조건을 모두 갖출 수 있다면 그곳이 꼭 서울이 아니어도 수요가 많은 아파트가 될 것이고, 반대의 경우 서울에 있더라도 매력도는 점점 떨어질 것입니다.

미래를 정확하게 예측하는 것은 어렵지만, 현재를 바탕으로 차분히 내가 해야 할 것들을 준비하는 일은 할 수 있습니다. 현재의 가용 자금과 활용할 수 있는 레버리지 범위 내에서 앞으로 이 책에서 추천할 아파트들을 유심히 살펴보고 자신만의 아파트를 찾길 바랍니다. 코로나19 그 이후에도 내 연봉 이상의 수입을 지속적으로 우리 가족에게 선사해줄 해답이 이 책 속에 있습니다.

아파트,
지금이라도 사야 할까

반포자이, 마포래미안푸르지오, 고덕래미안힐스테이트, 반포 래미안아이파크의 공통점이 무엇일까요? 놀랍게도 모두 미분양 아파트였다는 것입니다. 지금 위 아파트들은 굳이 가격을 나열할 필요가 없을 만큼 해당 지역에서 대장 아파트로서 단단히 자리 잡았습니다.

부동산 시장의 하락기였던 2009년 이후 2015년까지 서울 아파트는 실거주자와 투자자 모두에게 큰 메리트가 없었습니다. 늘 다음 날이면 더 싼 가격에 살 수 있을 것 같으니 굳이 미리 집을 사야겠다는 생각조차 안 들었던 시기였습니다. 이런 시간을 거치고 2016년부터 2020년까지 대세 상승기를 지나 2021년이 되었습니다. 문재인 대통령 정부 출범 이후 현재까지 무려 스무 번이 넘는 부동산 대책이 발표되었고, 그동안 이어졌던 서울의 부동산 상승기도 결국 이렇게 끝나는 것처럼 보였습니다.

많은 사람이 드디어 부동산 상승이 멈췄다고 얘기했고, 2013~2014년에 활동하며 집값 하락을 예견했던 소위 '폭락 전문가'들이 2020년 상반기부터 다시 활발하게 활동하기에 이르렀습니다. 그래서 그들의 말처럼 서울 부동산 시장의 가격이 잡혔을까요? 정말 그럴까요? 정답은 여러분께서 더 잘 알고 계실 것입니다. 그렇게 규제로 오름세를 누르고 눌렀건만 서울 신축 아파트에 대한 절대적인 공급 부족(아래 그래프 참조)과 수요 과잉은 여전히 전세가 상승과 매매가 신고가를 이끄는 원동력이 되고 있습니다.

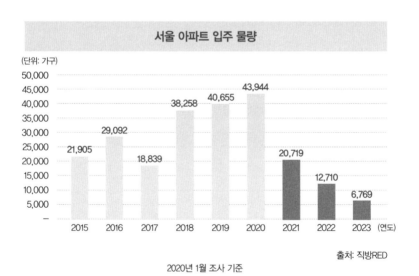

서울 아파트 입주 물량

(단위: 가구)

2020년 1월 조사 기준

출처: 직방RED

약 970만 명이 거주하는 서울특별시에서 매년 공급되는 새 아파트 수는 2021년부터 2만 세대 이하로 떨어지고 있습니다. 따라서 신축 아파트에 대한 수요를 무시하거나, 빌라 등의 주택 수와 서울시 인구를 산술적으로 끼워 맞출 때만 이러한 공급 부족의 현상을 애써 외면할 수 있을 것입니다.

정부에서는 2020년 8월 4일 서울권역 등 수도권 주택공급 확대 방안(이하 '8.4 대책')을 발표했습니다. 그동안의 부동산 대책에서 규제만 있고 공급이 빠져 있다는 의견이 많았기에 이 대책에서만큼은 확실하게 공급 위주의 내용이 많이 담겼습니다. 서울과 수도권에 총 13만 2천 가구의 신규 주택을 2028년까지 공급하겠다는 것이 주요 내용이고 이를 위해 신규 택지 발굴, 공공기관 유휴부지 활용, 3기 신도시 용적률 상향, 재건축 등 정비사업 용적률 완화 등을 이야기합니다.

이전 부동산 대책에서 다주택자 및 단기거래에 대한 부동산 세제(종부세, 양도소득세, 취득세)를 강화하고 임대등록제도를 폐지(단기임대 및 아파트 장기일반 매입임대)한 덕분에 이미 부동산 투기 수요 차단 효과도 일부 나타나는 중에, 공급 위주로 발표한 8.4 대책은 부동산 시장에 어떤 식으로든 변화를 줄 것임은 분명해 보입니다.

공급의 쓰나미는 오지 않는다

적절한 규제를 통해 서울 아파트 가격의 지나친 상승을 통제하고 일반 국민이 납득할 수 있는 거주 환경을 만들겠다는 정부의 의지는 당연히 필요한 것입니다. 다만, 평범한 사람들의 내 집 마련이라는 꿈조차 잠재적 투기수요로 몰아붙인다거나 이를 막기 위해 무작정 규제만 늘리는 것은 바람직하지 않습니다. 또한 정부에서 발표한 공급대책도 면밀히 살펴보면 곧바로 공급수요를 충족하기에는 현실적으로 어려운 부분이 있습니다.

우선, 서울에 36만 호를 공급한다는 계획을 살펴보면, 입지가 확정된 공공택지라고 하는 곳 중에도 전용면적 34m² · 39m² 규모의 청년 · 신혼부부를 위한 공공임대주택이 예정되어 있어 전용면적 84m² 이상의 일반 아파트를 선호하는 30대 이상의 실제 수요자들을 만족시키기 어려운 부분이 많습니다. 아울러 서울시 정비사업을 통해 20만 호 이상을 공급한다고 했는데 이중에서도 공공재개발 및 공공참여형 고밀재건축을 통해 9만 호를 공급한다는 계획은 다시 말해 재개발과 재건축을 추진할 때 공공에 이익을 환원

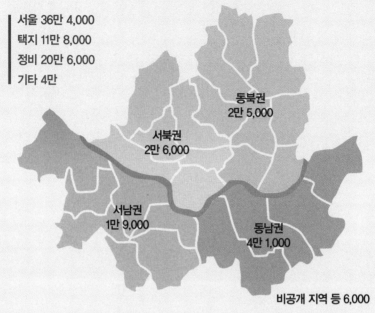

출처: 국토교통부

서울 공공택지 아파트 공급 계획   (단위: 가구)

서울 36만 4,000
택지 11만 8,000
정비 20만 6,000
기타 4만

동북권
2만 5,000

서북권
2만 6,000

서남권
1만 9,000

동남권
4만 1,000

비공개 지역 등 6,000

하는 형태로 진행하는 곳이 더욱 많아져야 한다는 뜻으로, 과연 그 진척이 수월할지 의문이 생기는 내용입니다.

또한, 정부가 자신 있게 공급대책으로 발표한 3기 신도시를 보더라도 지구계획이 순조롭게 완료되었을 경우, 남양주 왕숙과 하남 교산, 인천 계양은 2021년 12월부터 착공될 수 있습니다. 공급이 아닌 착공 말입니다. 역시, 세 곳보다 규모가 크지 않은 과천은 2021년 2월에야 착공에 들어갈 수 있습니다. 하남 교산과 인천 계양, 과천은 2025년 12월 준공이 목표이며, 남양주 왕숙은 2028년 12월 준공을 목표로 합니다. 아직 공공주택지구로 지정되지 않은 고양 창릉과 부천 대장은 주민공청회와 전략환경영향평가 등을 거쳐 2020년 3월 지구지정 되었고, 2021년 1월 기준 지구수립계획 과정에 있습니다.

    3기 신도시 중 가장 빠른 공급이 현재 기준으로 2025년에야 이뤄질 수 있다는 점은, 바꿔 말하자면 2025년까지는 서울의 새 아파트 수요를 감당할 공급이 없다는 것과 같습니다. 많은 사람이 정부의 규제에도 불구하고 결국 서울 아파트 가격은 우상향할 것으로 보는 이유가 여기에 있습니다.

앞으로 3년, 서울 아파트의 미래

부동산에 관심을 갖고 투자를 시작하면서부터 저는 블로그와 부동산 관련 커뮤니티에 글을 쓰고 있습니다. 제가 경험한 내용을 공유하고 동시에 새로운 정보를 얻기 위함이고 그 덕분에 매일 많은 지역에 대한 유익한 간접 경험을 하고 있습니다. 부동산만큼 대한민국 사람들에게 관심 있는 주제가 있을까 싶을 정도로 저뿐만 아니라 다양한 사람이 부동산에 대해서 글을 쓰고 의견을 나누고 있습니다. 지난 몇 년간 급격한 상승기를 거치면서 가장 많이 받은 질문은 이것이었습니다.

"언젠가는 가격이 떨어지지 않을까요? 지금 굳이 아파트를 사야 할까요?"

사실 이런 질문을 하는 사람은 이미 마음속에 대답이 정해져 있습니다.

"맞습니다. 언젠가는 가격이 떨어집니다. 그러니 지금은 좀 기다리세요."

이런 말을 원했을 것입니다. 사실, 이 말 또한 틀린 말은 아닙니다. 정부가 부동산 규제 정책을 내놓거나, 코로나19처럼 전혀 예상치 못한 사건이 발생하여 전 세계가 휘청이면, 일시적으로 집값이 떨어지는 상황을 경험하기도 합니다. 실제로 2020년 상반기에 강남의 15억 초과 아파트들은 일시적으로 가격이 조정되기도 했습니다.

그런데 저에게 위와 같은 질문을 한 분들 가운데 대다수는 9억 이하의 실거주 아파트 단 1채가 필요한 경우였습니다. 그리고 그런 집들은 2020년 상반기에 강남 아파트값이 소폭 하락하는 가운데에서도 별로 조정되지 않았습니다. 오히려 전 고점을 돌파한 경우가 더 많았습니다.

저는 위 질문을 한 사람들에게 2020년 상반기에는 다소 조정기가 올 수 있으니 관심 지역을 열심히 살펴보고 꼭 원하는 집을 구하길 바란다고 답변해왔습니다. 그럼 지금 1년이 지난 시점에서 이들이 집을 정말 매수했다는 후기가 있어야 하는데 그럴까요?

이들은 여전히 저에게 아직도 집값이 안 떨어지고 있는데 조금만 더 기다리면 집값이 떨어지지 않겠느냐고 또 물어봅니다. 절대로 집을 사지 않습니다. 그리고 집값을 잡지 못하는 정부에 대해서 불만만 쌓입니다. 강남의 부동산 부자들은 정부가 집값 규제를 너무 심하게 한다며 정부에 대해서 불만을 갖는데 말입니다.

과연 여러분은 앞으로 집값이 떨어질 것이라고 생각하십니까? 천재지변이라도 일어난다면, 그래서 집뿐만 아니라 모든 자산의 가치가 폭락한다면 모를까 그 외에는 집값이 떨어질 이유가 없습니다. 특히나 대한민국의 수도인 서울에서 대단지에 역세권이거나, 초·중·고등학교가 가깝고 심지어 해당 학교들이 지역 내에서 우수한 입시 성적을 보이고 있다면, 꾸준히 집값이 오를 이유밖에 없습니다. 집값이 떨어질 것이라고 주장하는 다양한 근거를 보면 정부가 공급을 늘릴 것이고 규제를 강화할 것이며 언택트 사회가 가속화되어 굳이 서울 도심에서 살 필요가 없다는 것이 그 이유입니다.

공급이 아무리 늘어나도 사람들이 살고 싶어 하는 곳은 서울의 핵심 도심지에 학군까지 좋은 곳이며, 규제를 강화하더라도 결국 1가구 1주택에 대한 규제까지는 할 수 없으므로, 여전히 좋은 입지에서 1가구 1주택으로 살고 싶어 하는 사람들에 대한 수요까지 차단할 수는 없습니다.

또한 언택트 사회가 아무리 가속화되어 전 국민이 재택근무를 하는 날이 오더라도 사람들은 서울 도심에서 살면서 마트와 병원, 학교가 가깝고, 한강이 보이거나 뷰가 좋고, 그러면서도 친구들과 가족을 만나기 좋은 인프라가 우수한 곳을 선호하기 마련입니다. 그게 우리가 원하는 아파트입니다. 아파트 값이 떨어질 이유는 어디에도 없습니다. 지금의 하락론은 그저 아직 집이 없는 사람들이 원하는, '내 가용 자금 선까지 조금만 내려와 달라'와 같은 희망사항일 뿐입니다.

흔히 '줍줍'으로 일컫는 서울 미분양 아파트의 온라인 추첨 경쟁률이 최대 몇십만 대 일까지 나오는 상황입니다. 아크로서울포레스트는 전용면적 97m²의 1세대 미계약분 온라인 추첨 모집에 21만 5천여 명이 몰렸고, 용마산모아엘가파크포레 또한 전용면적 72m² 1세대 무순위 청약에 1만 3,800여 명이 몰렸습니다. 서울만 이런 걸까요? 세종시의 주상복합아파트 '세종 리더스포레' 전용면적 99m² 잔여 1가구 추가 분양에는 무려 24만 9천 명이 넘게 지원을 했습니다.

　　사람들은 여전히 가격 메리트가 있는 서울 아파트 또는 지방 아파트에 관심이 있고 여기에 지불할 가용 자금이 있습니다. 오직 아파트 가격이 내리길 바라는 사람만이 아파트값이 떨어질 거라는 희망을 마치 사실처럼 믿을 뿐입니다.

전세로 살았다면
알지 못했을 것들

결혼 당시 제가 선택했던 집은 서울의 오래된 소단지 아파트였습니다. 당시 전세가와 매매가의 차이가 몇천만 원에 불과했고 부모님께서는 그 집을 매수하라고 권하셨습니다. 당시만 해도 서울의 아파트값이 지금처럼 자고 나면 신고가가 갱신되는 상황도 아니었고 세대수도 적어서 굳이 이런 아파트를 살 필요가 있을까 싶어 사지 않았습니다. 결과는 어떻게 되었을까요?

제가 사는 동안 최소한 2억 이상의 시세 상승이 있었지만, 이사를 가기 위해 그 집을 나올 때 제게 남은 것은 전세 보증금뿐이었습니다. 혹시나 그조차도 바로 못 받을까 봐 얼마나 가슴을 졸였는지 모릅니다.

그사이에 제 전세 보증금을 활용해서 제가 살고 있는 아파트에 투자한 사람은 2명이나 되었고, 저는 2번이나 집주인이 바뀌는 동안 그들에게 계속해서 수억 원의 레버리지를 무상으로 제공하는 사람이 되고 있었습니다. 그러면서도 그들이 전세 보증금을 올려 달라고 할까 봐 계약 만료일이 되면 전전긍긍했고, 괜히 이상한 사람으로 집주인이 바뀌어서 혹시나 '이 집이 경매라도 넘어가면 어쩌나'와 같은 고민도 했습니다. 한때는 전 세계에서 유일무이한 전세라는 제도가 참 합리적이라고 생각했지만, 전세로 사는 동안 내가 낸 전세 보증금을 제대로 활용할 수 없고 오히려 다른 사람의 자산 증식에만 기여하는 모습을 보면서 크게 후회했습니다.

청약을 기대하며 전세로 살면서 무주택 기간을 늘리고 있는 사람이 많습니다. 저 또한 그런 시기가 있었고 그런 방법이 절대적으로 틀렸다는 것은 아닙니다. 특히 자금이 절대적으로 부족하거나, 부양가족이 많아 무주택 기간만 좀 늘리면 충분히 청약 당첨이 가능한 가정이라면 이 방법이 나쁜 것이 아닙니다. 그렇지만 그 외 아직 신혼이어서 부양가족이 적고, 가용 자금 또한 대출을 활용하면 절대적으로 빈곤한 계층이 아닌 이상에는 결혼과 동시에 집을 매수해서 시작하는 것이 훨씬 경제적으로 이득이 됩니다. 이는 저의 사례뿐만 아니라 지난 수년간 주변인들 사이에서도 끊임없이 확인되었습니다.

한번 전세로 살게 되면, 본인의 거의 전 재산이 한 번에 전세 보증금으로 집주인에게 나가게 됩니다. 우선 이러한 큰돈을 은행도 아니고 태어나서 처음 만나는 낯선 사람한테 모두 맡기는 것 자체가 리스크입니다. 당연히 이사와 동시에 전입신고와 확정일자를 받을 것이고 전세금 보증 보험도 요즘은 활성화되고 있지만, 세상의 이치가 꼭 법과 제도로만 보호받는 것은 아닙니다. 만에 하나라도 내가 전세 보증금을 받지 못할 경우 발생할 위험을 생각해보면 전세라는 제도 자체가 전세입자에게는 현저하게 불안한 제도와 다름없습니다.

또한 전세로 사는 동안에는 언제라도 이사할 수밖에 없는 상황이 옵니다. 2년마다 전세 보증금을 합리적인 선(법정 5% 이하)에서 서로 협의해서 조정하면 문제가 없을 것 같지만, 갑자기 이사를 가야 하는 상황은 집주인이나 전세입자 누구에게나 발생할 수 있는 문제입니다. 이때 전세입자는 대부분 '을'이 되고 마는 것이 현실입니다. 임대차 3법이 시행된 이후라 해도 안심할 수 없습니다. 집주인의 실거주 요구 등으로 인해 언제든 세입자의 주거권은 흔들릴 가능성이 있습니다.

2016년부터 2020년까지 이어진 최고의 부동산 상승기 동안 정부는 부동산 시장 안정화를 위해서 다양한 정책을 펼쳤습니다. 그 덕분에 다주택자의 실거주 요건 준수가 중요해지고 있습니다. 이후 실제 시장에선 무슨 일이 일어났는지요? 2020년 상반기에 일시적으로 매매가가 조정되는 듯 보였지만 실제로는 강남의 재건축 아파트 중심으로 과도한 상승폭만 일부 조정되었을 뿐, 오히려 서울 전 지역의 아파트값이 균등하게 전 고점을 돌파하여 상승하는 모습을 보였습니다. 또한 집주인이 자신의 집을 전세로 주지 않고 직접 거주하여 살아야 하기 때문에 오히려 전세가 귀해졌고, 전세가의 상승이 진행되고 있습니다.

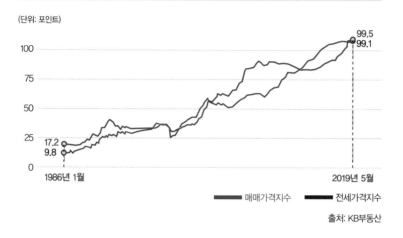

서울 아파트 매매가격 및 전세가격 지수 추이

(단위: 포인트)

100

75

50

25

0

17.2
9.8

1986년 1월

99.5
99.1

2019년 5월

■ 매매가격지수   ■ 전세가격지수

출처: KB부동산

살면서 반드시 필요한 주거의 안정성이 흔들릴 여지가 늘 있다는 것은 결코 바람직하지 않습니다. 내 집이 필요한 이유이자 전세로 살지 말아야 하는 이유이기도 합니다. 전세 보증금을 잃을 일이 없고, 앞으로 몇 년간 이사할 일이 없다고 할지라도 전세로 사는 것은 돈을 버리는 길입니다.

아파트의 가격은 일부 열악한 환경의 아파트를 제외하고는 최소한의 물가 상승률 이상으로 꾸준히 우상향해 왔습니다. 물론 이는 서울의 이야기이고 지방은 대단지에 주변 환경이 좋아도 시세 상승이 매우 더딘 곳이 태반입니다. 그렇지만 역시 지방이라고 하더라도 대단지에 주변 환경이 좋고 재건축 또한 향후 기대할 수 있는 곳이라면 시간이 지날수록 가격은 오르는 것이 일반적입니다.

대한민국 어디에서나 전세로 살면 내 돈이 묶일 뿐 자산 가치 상승에 한계가 있는 반면, 내 집을 매수해서 살면 사는 동안 최소한의 물가 상승률과 함께 자산 가치 상승이 보장되는 것입니다.

내가 평생 모은 돈이 몇 년간 묶이고 그 기회비용 또한 점점 더 높아지고 있는 지금, 그럼에도 불구하고 꼭 전세로 사시겠습니까? 아니면 내 집을 어떻게든 마련해서 물가 상승률과 함께 자산 가치 상승을 경험하는 인생을 사시겠습니까?

최소한 여러분은 다른 사람들의 레버리지가 되는 인생이 아니었으면 좋겠습니다.

임대차 3법은 세입자에게 유리할까

임대차 3법으로 불리는 주택임대차보호법 개정안이 2020년 7월 31일 시행되었습니다. 전세계약을 맺은 세입자는 주택임대차보호법 제6조의3(계약갱신 요구 등) 제1항 및 제2항에 따라 계약갱신요구권을 1회에 한하여 행사할 수 있습니다.

또한 동법 제7조(차임 등의 증감청구권) 제2항에 따라 전세 보증금의 인상은 5%를 초과할 수 없고, 동법 제7조의2(월차임 전환

임대차 3법 개정안 주요 내용

전월세신고제	• 계약 후 30일 내 임대차 계약 내용 신고
전월세상한제	• 계약 갱신 시 임대료 상승률 5% 이내로 제한 • 지자체가 5% 안에서 상한 정하면 그에 따름
계약갱신청구권제	• 기존 2년 계약이 끝나면 세입자가 추가로 2년 계약 연장 가능 • 집주인, 직계존비속 실거주 경우에는 연장 거부 가능

시 산정률의 제한) 및 동법 시행령 제9조(월차임 전환 시 산정률) 제2항에 따라 전세를 월세로 전환하는 경우 그 전환되는 금액은 한국은행에서 공시한 기준금리(0.5%)에 대통령령으로 정한 연 2%를 더하여 총 2.5%의 범위를 초과할 수 없습니다. 아울러 2021년 6월부터 임대차 신고가 이루어지면 자동적으로 확정일자가 부여돼 임차인이 따로 주민센터에서 확정일자를 받지 않아도 보증금 보호를 받을 수 있습니다.

계약갱신청구권과 전월세 전환율 2.5% 제한은 실제로 전세입자를 보호하는 장치로 쓰이게 될 것입니다. 다만, 전세입자가 계약갱신청구권으로 기존 2년에서 2년을 더 추가하여 4년을 산 이후에는 어떻게 될까요?

집주인의 입장에서는 계약갱신청구권 때문에 전세금을 올리지 못했기 때문에 아마 4년 이후에는 그 이상의 전세금을 요구할 가능성이 큽니다. 집주인이 계약갱신청구권이 끝난 세입자와의 계약을 해지하고 새로운 세입자를 받으면 5%의 보증금 인상 제한도 없고 2.5%의 전월세 전환율 제한도 없습니다.

결국 4년마다 반드시 이사를 다녀야 하는 전세입자가 더욱 늘어날 것이고, 수익률이 떨어지는 전세 매물의 월세 전환도 더 빠르게 나타날 것으로 예상이 됩니다.

실거주 한 채는
지금이 막차다

2019년 12월 16일, 정부의 새로운 부동산 정책이 발표되었습니다. 다양한 규제 중에서도 9억 이상 아파트에 대한 대출 한도 축소가 눈에 띄었습니다.

15억 이하 9억 이상 아파트는 9억 초과분에 대해서는 20%만 대출이 가능하도록 변경된 것입니다(15억이 넘는 서울 아파트는 대출이 아예 안 됩니다). 대책이 나오고 며칠 뒤 실거주에 필요한 9억 이하 아파트는 무조건 지금 사야 한다고 블로그에 글을 쓴 적이 있습니다. 서울 아파트 평균 가격인 8억 9천만 원을 상징하는 9억은 이제 서울에서 역세권에 살기 좋은 30평대 아파트의 최소 기준값으로 바뀔 가능성이 높았기 때문입니다.

2020년 이후에도 부동산 정책은 계속 나왔지만, 규제 위주의 정책으로 인한 세금 부담과 실거주 요건 강화를 통해 전세입자가 아닌 집주인의 실거주가 늘어나면서 전세는 귀해지고 매물은 잠기는 현상이 일어났습니다. 이런 흐름에 맞추어 안타깝게도 2020년 9월에는 서울 아파트값이 평균 10억이 넘었다는 기사까지 있었습니다.

서울 아파트 평균 매매가격

(단위: 만 원)

출처: KB부동산

정부에서 위와 같은 상황을 과연 예측하지 못했을까 하는 의문이 듭니다. 풍선의 한쪽을 누르면 다른 한쪽이 튀어 나온다는 이른바 '풍선효과'는 부동산 시장에서도 예외가 아닙니다.

책에서도 계속 다룰 예정이지만 서울에서도 아직 10억 이하의 합리적인 아파트가 있기는 합니다. 역세권에 초등학교가 가깝고 주변 생활환경이 우수하면서도 아직 10억을 넘지 못한 아파트가 분명 있다는 이야기입니다. 이러한 아파트마저도 이제는 10억 그 이상을 넘길 것 같아서 걱정이지만 말입니다.

이제는 똘똘한 아파트 한 채를 사야 할 때

"현재 무주택자라서 실거주용 아파트 1채가 필요한데, 언제 사야 할까요?" 때때로 이런 질문을 받습니다. 제 대답은 명확합니다. "지금 당장 사라"고 말하고 싶습니다.

왜 '지금 당장' 사야 하냐고요? 아파트는 결국 '집'이기 때문입니다. 여러분과 여러분의 가족이 살아야 하는 '집' 말입니다. 사실 무주택자의 상황에서는 집을 사는 '시기'는 생각보다 중요하지 않습니다. 사람은 누구나 집이 필요합니다. 비와 바람, 추위를 피해야 하고 타인으로부터 독립된 공간 없이는 살 수 없는 게 인간입니다. 그런 집을 가격 하락의 두려움 때문에 언제까지 망설이며 사지 못한다면 삶의 질은 점차 떨어질 뿐입니다.

그렇게 아파트를 샀는데 가격이 내려가면 어떡하느냐고요? 아파트 가격이 내려갔으니 그 집에서 나가라고 여러분을 등 떠밀 사람은 아무도 없습니다. 걱정 안 해도 됩니다. 반대로, 아파트 가격이 오르면 여러분에게 돈을 더 줄 테니 제발 집을 팔아달라는 사람은 줄을 설 것입니다. 어떻게 되든 여러분에겐 잃을 것이 없는 장사입니다. 더욱이 앞서 설명한 대로, '서울'의 신규 아파트 공급율은 수요치에 한없이 못 미치는 편인만큼 최소한 서울 지역의 아파트는 당분간 가격 하락의 여지가 적습니다.

수많은 아파트 매수 상담을 진행하면서 느낀 점은, 마트에서 과일 하나를 살 때도 신중한 사람들이 정작 본인의 거의 전 재산이 투입되는 아파트를 살 때는 그만큼의 정성이 부족하다는 것입니다. 모르면 불안하고, 알면 자신감이 붙고 잘할 수 있는 건 학교에서의 공부만이 아닙니다. 아파트를 매수하는 것, 그래서 내 자산을 지키는 것도 공부를 하면 그 방법이 보이고 잘할 수 있습니다.

이제 본격적으로 어떤 기준으로 아파트를 고르고, 어떻게 사야 할지 그 방법을 알아볼 차례입니다.

PART 2.

앞으로 어디를 사고, 어떻게 투자해야 할까

돈은 없지만
부동산 투자는 하고 싶다면

"사촌이 땅을 사면 배가 아프다"라는 말이 있습니다. 요즘 말로 하면 '친구나 직장 동료가 서울의 아파트를 사면 배가 아프다' 정도로 바꿀 수 있을 것 같습니다. 최근 몇 년간의 서울 아파트 상승기 동안 제 주변에도 아파트를 사거나 분양받아서 시세 차익을 크게 본 분이 많아졌습니다. 어떤 분은 더 이상 회사생활을 하지 않아도 될 정도로 자산을 형성하고 조기에 은퇴하신 분도 계십니다.

한편으로는 어차피 서울 집값은 내가 잡을 수 있는 것이 아니니 집을 사기 위해서 돈을 모으기보다는 현재에 더 집중하겠다는 분도 있습니다. 주로 좋은 자동차나 해외여행, 명품 소비 등에 돈을 쓰며 누구보다 현재를 즐겁게 사는 경우입니다. 주로 신축 아파트에서 전세로 사는 것은 괜찮고, 재건축 아파트나 재개발 빌라에서 소위 몸테크를 하는 것은 기겁하는 분들입니다. 그러면서 그 재건축 아파트나 재개발 빌라가 신축 아파트로 바뀌어 그동안 몸테크 하면서 절약하고 살았던 사람들이 신축 아파트로 부자가 될 때는 '분명 아파트값은 떨어질 테니 그때를 기다려보자'라고 생각합니다.

최근 본 어느 다큐멘터리에서는 인상적인 장면이 등장했습니다. 코로나 시대를 기회로 여기며, 틈틈이 부동산과 주식 공부를 하고 투자하는 평범한 30대들의 이야기가 다뤄졌는데, 그중 한 여성의 말이 마음에 박혔습니다.

"자본주의는 결국, 누가 먼저 깨닫느냐의 싸움 같아요."

대한민국에서 앞으로 살아가야 하는 이상, 돈은 반드시 필요합니다. 하지만 대부분의 사람은 정해진 수입에서 크게 나아갈 수 없는 것도 사실입니다. 특히 재테크를 위한 아무런 노력도 하지 않거나, 투자 마인드가 전무하다면 현 상황에서 나아질 가능성은 제로입니다. 다만 자본이 흐르는 방향을 얼마나 먼저 깨닫느냐, 자본이 모일 곳에 언제 자리 잡느냐에 따라 1년 후, 3년 후, 5년과 10년 후의 모습은 천차만별로 달라질 것입니다.

이 책을 읽는 여러분께서는 부디 자신이 집값의 향후 상승과 하락을 판단할 수 있으리라는 낙관보다 단순하고 정직하게 본인한테 필요하고 아이들을 잘 키울 수 있는 환경이 갖춰진 곳, 본인의 예산과 대출 한도 내에서 갈 수 있는 가장 좋은 입지의 아파트를 빨리 사야겠다는 당연한 마음만 가지시길 바랍니다. 그것이 결국 나와 가족의 소중한 재산을 시간이 흐를수록 더 키워가는 부동산 재테크의 길이 될 것입니다.

부자로 가는 지름길은 없습니다. 다만 꾸준한 발품과 손품으로 나에게 필요한 내 집을 우선적으로 마련하고 그 외 다양한 투자방법을 익히고 실천한다면 시간이 주는 자연스러운 자산 가치의 상승은 누구나 경험할 수 있습니다. 지금 당장 실천한다면 말입니다.

책을 집필하면서 가장 중점을 둔 것은 앞으로 3장에서 다룰 각 자치구별 추천 아파트 소개입니다. 여기에는 신축 아파트도 있겠지만 재건축이 가능한 아파트도 포함돼 있습니다. 누구나 신축에서 살고 싶습니다. 다만 아직 30~40대의 나이라면 오래된 아파트나 빌라를 깨끗하게 수리해서 들어가 살아도 무방합니다. 그곳이 앞으로 재건축이나 재개발을 통해 신축으로 바뀔 가능성이 있다면 말입니다.

그것을 감당할 수 없다면 처음부터 새 아파트를 분양받거나 프리미엄을 주고서라도 전매를 하면 됩니다. 참고로, 2021년 현재 서울의 모든 아파트는 분양권 전매가 금지되어 있습니다(조합원 입주권 및 29세대 이하로 일반 분양한 경우에는 가능합니다). 그만큼 가능성이 없다는 이야기입니다. 따라서 청약 당첨이 안 되거나 희망이 없다면 간헐적으로 발생하는 미계약 잔여물량 무순위 추첨이 마지막 기회가 될 것입니다.

자산별 부동산 투자 방법과 투자 지역

　제가 부동산 상담을 하면서 느낀 것은 대한민국 사람이라면 누구나 강남에 살고 싶고 이왕이면 한강도 보이는 그런 좋은 곳에서 살고 싶어 한다는 것입니다. 회사가 지방에 있더라도 딱 1채의 집만 조건 없이 소유할 수 있다면 무조건 강남의 신축을 갖고 싶어 하는 게 평범한 대한민국 사람들의 심리입니다. 다만, 이제 막 사회생활을 시작한 20대부터 정년퇴직을 앞둔 50~60대 중에서 강남의 새 아파트를 매수할 수 있는 사람은 많지 않습니다.

　서울에서도 내 자산에 맞게 투자할 수 있는 지역과 아파트는 나뉘지만, 다행히도 영원히 기회가 없는 것은 아닙니다. 현재의 내 자산에 맞게 투자 방법을 정하고 시간이 걸리더라도 단계별로 옮겨가는 것이 저처럼 아무것도 없이 시작하는 사람들에게는 최선이자 유일한 방법이 될 것입니다.

자산이 1억 미만인 경우

우선은 저축을 통해 안정적으로 종잣돈을 모아야 합니다. 요즘처럼 모두가 주식 투자를 하는 시대에 역행하는 말이지만 묻지마 식의 주식 투자는 위험합니다(물론 가치투자를 장기적으로 한다면 당연히 수익률이 평범한 부동산보다 좋을 수 있겠지만, 최소한 제가 경험한 바로는 1억 미만의 소액으로 10년, 20년을 장기 투자하는 개인은 없었습니다).

가능한 한 직장 근처에서 저렴한 월세나 반전세로 살면서 최대한 저축해야 합니다. 자동차 구입이나, 여행이나 외식을 하는 것보다 저축을 우선시해야 하는 시기입니다. 저축을 통해서 1억을 모으려면 평범한 직장인이 덜 사 먹고, 덜 사 입고, 덜 여행하면서 3~5년 이상은 알뜰하게 모으기만 해야 합니다.

인생에서 이렇게 치열하게 저축하는 3~5년간의 시간은 반드시 필요하다는 것이 제 생각입니다. 자산을 많이 모은 후에도 알뜰히 살 수 있는 소비습관을 형성할 수 있는 시기가 바로 사회 초년생 시절이기 때문입니다. 한 번 만들어진 이러한 소비습관은 평생 부를 일구고 지키는 데 유용하게 쓰일 것입니다.

자산이 1억 이상~3억 미만인 경우

서울에서 1시간 내외 거리의 경기도권 재건축, 재개발 구역에서 살면서 시세 상승을 기다리는 일명 '몸테크'가 가능해집니다. 지하철역이 없었는데 앞으로 역이 생길 곳이라면 더욱 유망합니다. 또는 역이 근처에 있으나 수십 년된 5층짜리 구축 아파트라서 가격이 낮은 것(대지지분 우수한 것) 중 대단지를 고르면 좋습니다. 가능하다면 신안산선 위주로 경기도 남부지역에 새로운 역이 생기는 곳 일대의 아파트들을 임장하고, 그중에서 초등학교와 중학교 정도는 가까운 곳으로 선택한다면 꾸준한 시세 상승을 기대할 수 있을 것입니다.

자산이 3억 이상~6억 미만인 경우

서울 외곽에서 지하철역이 없었는데 앞으로 역이 생길 곳(경전철 등)을 수없이 임장해보고, 그중 초등학교나 시장 근처여서 앞으로 역만 생기면 더욱 살기 좋아질 곳을 찾아봐야 합니다. 신림선 수혜지역인 관악구, 서부선 수혜지역인 은평구와 서대문구를 각 경전철의 역세권 예정지 위주로 임장해야 하는 이유입니다.

자산이 6억 이상~9억 미만인 경우

서울 재개발이나 재건축 구역에서 몸테크를 할지 준신축급의 대단지 소형 평수에서 실거주 만족도를 올릴지 결정해야 하는 시기입니다. 당연히 저라면 몸테크를 하더라도 서울 재개발이나 재건축 지역의 집을 사겠습니다.

뉴타운 구역 중에서 몇 남지 않은 조합원 입주권 구매가 가능한 것 위주로 찾아보기를 권합니다. 재개발 매물 중에서 아직 증산 5구역, 수색 13구역, 연희 제1구역, 신정신월뉴타운 1-3구역 정도가 위 금액대 기준에 맞습니다.

자산이 9억 이상~12억 미만인 경우

자산이 어느 정도 되는 시기입니다. 1채를 고집할 필요는 없고 실거주 1채와 투자용 1채를 분리해서 생각할 수 있어야 합니다. 자녀가 학교에 다니는 시기라면 실거주 1채를 학군지로 선택하고, 남은 금액으로 재개발 소형 갭투자를 알아보는 것이 좋습니다.

예를 들어 대치동, 목동, 중계동에서 아이들을 키우면서 서울 또는 경기권의 소형 재개발에 투자하는 방식으로 접근하면 현재의 생활 만족도와 미래의 노후 대비라는 두 마리 토끼를 동시에 잡을 수 있을 것입니다.

자산이 12억 이상~15억 미만인 경우

30평대와 40평대의 가격이 크게 차이나지 않는 시점입니다. 평당 가격이 더 저렴한 40평대 물건을 잘 찾아서 핵심지(강남, 서초, 송파, 용산) 중에서 고르시면 구축이라도 큰 손해 없이 꾸준히 오를 여지가 있습니다. 특히 40평대 이상의 아파트 중에서도 주변에 공원과 대형병원이 있고 우수한 학군까지 갖췄을 경우, 아이들 학령기는 물론 노후에도 거주하기 좋기 때문에 늘 수요가 많습니다.

자산이 15억 이상~20억 미만인 경우

핵심지 신축 1채와 갭투자용 1채를 분리해서 가져가면 좋습니다. 또는 이미 이 정도 자산을 갖고 있다면 자녀가 어느 정도 컸을 테니 강남권의 실거주 1채는 놔두고 자녀를 위해 동작구, 광진구, 마포구, 성동구 정도에서 자녀를 위한 향후 재건축 가능한 아파트들에 갭투자하는 것도 좋습니다(향후에 자녀가 독립하여 해당 재건축 가능 아파트에서 2년 이상 거주는 해야 합니다). 다만, 현재는 서울에서 주택을 취득할 때 2주택은 8%, 3주택은 12%를 취득세로 내야 하므로 증여세와 취득세를 검토하면 차라리 처음부터 자녀가 해당 투자용 주택을 취득하도록 하는 것이 더 유리한 상황이 발생할 수도 있습니다.

자산이 20억 이상인 경우

압구정, 대치동, 청담, 반포, 잠원의 재건축 대상 아파트 중에서 본인 직장 가깝고 아이들 학교 가까운 아파트 정도로 범위를 좁혀서 매수하면 됩니다. 무엇이든 지금 가격보다 새 아파트가 되고 나면 가격이 오릅니다. 또는 전략적으로 청약 시 주택 수에 포함되지 않는 오피스텔에 거주하면서 무주택 요건을 충족하고, 서울 강남권의 신축 아파트 청약 시 대형 평수의 추첨에 도전하는 것도 방법입니다.

그렇다면
어떤 아파트를 사야 할까

아파트는 가격 하나로 구매를 결정하는 물건이 아닙니다. 연식, 세대수, 배정 학교, 역과의 거리, 주변 환경(대형마트, 병원, 기타 생활 편의시설) 등을 종합적으로 고려하여 가족 구성원 모두에게 꼭 맞는 곳을 사야 합니다.

그중에서도 대표적인 선택 기준은 다음과 같습니다.

호재 많은 곳 vs 입지가 좋은 곳

입지가 더 중요합니다. 아파트도 결국 땅을 사는 겁니다. 많은 사람이 주상복합보다 아파트를 선호하는 건 아파트의 대지지분이 더 많기 때문입니다. 대지지분은 결국 땅입니다. 건물은 오래되면 감가상각 되지만, 땅은 오래되어도 어딘가로 갈 수 있는 존재가 아닙니다.

간혹, 강남의 오래된 아파트보다 강북의 새 아파트가 더 비쌀 수도 있지만, 시간이 지나면 지날수록 결론은 어떻게 될까요? 간단합니다. 일자리가 많고 학군이 좋은 강남의 아파트는 건물의 가치가 완전히 없어지더라도 땅이 비싼 곳이기 때문에 더 비쌀 수밖에 없습니다.

이러한 이유로, 저는 언제나 입지를 우선적으로 봐야 한다고 얘기합니다. 오히려 실현되지 않은 호재들로 그럴듯하게 포장되는 지역일수록 멀리해야 한다고 생각합니다. 단, 호재(지하철이 생기고, 다양한 기업이 입주하고, 새로운 학교가 생기는 등의 요소)가 아예 영향이 없는 것은 아니라서, 관련 지역의 호재가 모두 실현되기 전에 그 기대감을 이용하는 것이 적당한 투자 방법이라고 생각합니다.

신축 vs 재건축

입주를 앞둔 신축이 근처 준신축보다 크게 비싸지 않다면 신축이 좋고, 이미 신축의 가격이 상당히 오른 뒤라면, 향후 새 아파트로 바뀔 가능성이 높은 재건축 아파트에 들어가는 것도 방법입니다.

신축 아파트가 분양가보다 최대 2배 이상 비싸지는 경향은 최근 3~4년간 지속되어 왔습니다. 새 아파트를 분양가로 사는 것이 가장 좋지만, 청약통장을 쓸 수 있는 사람 중에서 실제 가점이 높아서 언제나 당첨권에 들어가는 사람도 상당히 제한적이라는 사실을 우리는 이미 알고 있습니다. 무조건 새 아파트를 청약이 아니면 프리미엄을 주고라도 사는 것만이 방법일까요?

이제 입주를 시작한 아파트 중에서는 지금보다 더 오를 이유가 충분한 아파트도 많지만, 투자금액 대비 수익률로 계산한다면 재건축 아파트는 어떨까요? 예를 들어, 강동구에서 전통적으로 학군이 좋은 동네인 명일동은 지하철도 가깝고 강동 경희대학교병원, 명일근린공원 등이 근방에 있어 실거주하기에 쾌적한 곳입니다. 이곳에 위치한 명일 신동아, 삼익그린 2차, 명일2동 우성, 명일2동 현대, 명일 한양, 고덕 주공9단지, 명일 삼익가든아파트 이런 곳들은 모두 1980년대 중반에 지어진 아파트입니다.

즉, 명일동의 이러한 아파트는 향후 10년 안에는 준공 40년을 모두 넘길 수밖에 없는 아파트라는 뜻입니다. 10년 뒤에 고덕의 신축은 구축이 되겠지만 명일동의 이러한 아파트는 신축(재건축이 무리 없이 잘 추진되었을 때)이 될 것입니다. 10년 뒤 어떤 아파트를 갖고 있었느냐에 따라 자산 가치가 달라질 것을 기대할 수 있다는 뜻입니다.

물론 자산이 많다면, 큰 고민 없이 입주를 앞두고 있거나 입주한 지 얼마 안 된 새 아파트를 프리미엄을 주고라도 사서 추가 상승분을 내 자산으로 만들다가 추후 재건축 아파트를 역시 프리미엄을 주고라도 사서 다시 새 아파트로 바꾸어 받으면 되겠지만, 자금이 제한적이라면 처음부터 재건축 아파트에서 소위 몸테크를 하는 것도 방법입니다.

빌라촌의 신축 나 홀로 아파트 vs 아파트촌의 구축 나 홀로 아파트
내 아파트가 새 아파트라면 당연히 집 안에 있을 때는 좋지만,

주변 환경이 더 정리되어 있고 인프라가 다양한 곳으로 가려면 연식이 오래되었더라도 주변에 아파트가 많은 곳이 좋습니다. 빌라가 많은 곳은 재개발 구역으로 묶이지 않는 한, 다시 신축 빌라가 계속해서 생기는 현상이 일어날 수 있고 이 경우, 사는 동안 지속적으로 공사 소음에 시달릴 수 있습니다.

반대로, 아파트가 많은 곳의 나 홀로 구축 아파트는 비록 해당 아파트가 오래되었더라도 주변의 대단지 인프라를 그대로 누릴 수 있기 때문에 관리만 잘 되면 계속해서 깨끗한 주거환경을 누릴 수 있는 장점이 있습니다.

주상복합 vs 아파트

주상복합은 대부분 같은 평수의 아파트보다 가격이 저렴합니다. 가장 큰 이유는 동일면적 대비 대지지분이 아파트가 더 많기 때문입니다. 다만, 초역세권의 신축 주상복합은 입주 이후에도 약 5년간은 꾸준히 가격 상승 여력이 있으므로 입주 시점에 아직 프리미엄이 덜 붙었다면 매수 후 실거주하면서 5년 내에 다른 곳으로 갈아타는 것도 방법입니다.

예를 들어, 래미안강동팰리스(2017년 7월 준공, 999세대)의 경우, 초역세권이라는 강점과 주변에 신축 대단지가 없다는 이유로 인하여, 입주 이후에도 꾸준히 가격이 상승하고 있습니다. 아직 입주 5년 차가 되지 않았기에 향후에도 꾸준한 상승 여력은 있다고 볼 수 있겠습니다. 다만, 그 이후에는 다른 곳으로 갈아타는 것이 더 수익이 클 것으로 보입니다.

신축 많은 곳의 구축 아파트 vs 구축 많은 곳의 신축 아파트

입지가 좋은 곳(일자리가 많고, 학군이 좋은 곳)에서는 신축 아파트에 대한 선호도가 단연 앞서지만, 입지가 안 좋은 곳(일자리가 없고, 학군이 안 좋은 곳)에서는 굳이 신축 아파트에 대한 수요가 크지 않습니다.

이러한 부분을 생각해봤을 때, 입지가 좋은 곳에 신축 아파트가 많을 경우에는 해당 신축의 가격이 계속 상승할 여력이 많으므로, 이러한 동네에서 갭 메우기(가격 맞추기)를 시도할 구축 아파트를 사는 것이 현명합니다.

예를 들어, 마포구 염리동에 위치한 상록아파트(1997년 8월에 입주한 아파트로 용적율이 217%, 678세대)는 준공연도만 보면 단순히 오래된 아파트라고 볼 수 있지만, 주변이 모두 준신축 아파트로 이루어진 동네의 구축입니다. 바로 옆 마포래미안푸르지오는 2021년 1월 기준 84m²(옛 34평)의 최저가가 16억에 나와 있습니다. 공덕이나 마포에 직장이 있는 사람이라면, 누구나 마포래미안푸르지오에서 살고 싶겠지만, 누구나 16억이 있는 것은 아닙니다.

조금 더 작은 평수라고 하더라도 근처의 아파트가 마포래미안푸르지오의 반값 정도라면, 그런 가격을 주고 들어가서 살면서 향후 리모델링이나 재건축을 기대하는 것도 현명하다는 판단이 들 것입니다. 실제 2016년 4월에는 3억 초반에 거래되던 염리상록 아파트 58m²(옛 25평)는 2021년 1월 현재 가장 저렴한 매물이 9억입니다. 2016년, 당시 계약 직전까지 가봤던 경험이 있어 누구보다 뼈아프게 잘 알고 있는 곳입니다.

남편의 선택 vs 아내의 선택

《화성에서 온 남자 금성에서 온 여자》라는 책이 한창 이슈였던 시절이 있었습니다. 일반적으로 집을 볼 때 남자들이 가격이나 역과의 거리, 연식 등을 고려한다면, 여자들은 여기에 마트, 병원, 백화점, 학교, 주변 상가 등을 더 자세히 살펴봅니다. 좀 더 안전하고 쾌적한 곳에서 살고 싶은 여성의 본능 때문일 것입니다. 이러한 상관관계는 집값에도 반드시 영향을 미치는 절대적인 요소인데, 남자들이 이런 사항들을 직관적으로 깨우쳐서 집을 보기란 현실적으로 매우 어렵습니다.

안전하고 쾌적한 주변 환경을 누릴 수 있는 좋은 집을 구하려면 집을 볼 때 반드시 여성(여자친구, 엄마, 누나, 여동생, 친한 여성 직장 동료 누구든지)과 같이 살펴보고 고견을 구하는 편이 좋습니다.

인서울 청약
당첨을 위한 전략

아파트 분양은 해당 지역 거주자에게 '거주자 우선 물량'이 먼저 배정되고, 세대 단위로 세대당 한정으로 주택을 분양받도록 하는 '특별공급'(신혼부부, 생애최초, 다자녀, 노부모 부양가구), 그리고 자격되는 개인이 청약통장으로 지원하는 '일반공급'이 있습니다. 우리가 흔히 청약통장으로 '청약 넣는다'고 하는 것은 일반공급의 경우입니다.

일반공급 청약 중 민영주택의 경우에는 청약 1순위가 된 다음, 청약 가점제도를 통해서 우선순위를 정하게 됩니다. 여기서 청약 가점제도는 가점 물량과 추첨 물량으로 나누어집니다. 추첨 물량은 말 그대로 랜덤하게 우선순위가 정해지고, 가점 물량은 무주택 기간, 청약통장 가입 기간, 부양가족 등으로 점수를 산정해 우선순위가 정해지게 됩니다.

민영주택 가점·추첨제 적용 비율

구분	전용 85㎡ 이하		전용 85㎡ 초과	
	가점	추첨	가점	추첨
투기과열지구	100%	0%	50%	50%
청약과열지역	75%	25%	30%	70%
수도권 공공택지	100%	0%	50%	50%
85㎡초과 공공 임대	–	–	100%	0%
규제 외 지역	40% 이하	60% 이상	0%	100%

추첨 물량의 경우, 가점 대상이 안 되는 사람과 가점 물량에서 탈락한 사람들이 같이 한 번 더 경쟁하는 것이기 때문에 당첨 확률은 사실상 하늘의 별 따기 수준입니다. 청약 가점제도의 배정 기준은 다음과 같습니다.

청약 가점은 무주택 기간 32점, 부양가족 수 35점, 청약통장 가입 기간 17점으로 총 84점 만점입니다. 그러면 가점이 어느 정도 되어야 당첨될 가능성이 있을까요?

2019년 9월 분양한 삼성동 '래미안 라클래시'의 평균 당첨 가점은 69.5점이었으며, 한 주 뒤에 분양한 '역삼 센트럴 아이파크' 또한 평균 당첨 가점은 65.7점을 기록했습니다. 강남만 이런 현상이 벌어지고 있을까요? 비강남권인 성북구 보문동 '보문 리슈빌 하우트' 평균 당첨 가점은 64.8점이었고, 강서구 방화동 '마곡 센트레빌'도 평균 당첨 가점은 60.1점이었습니다.

2020년에는 당첨 가점이 더 올라갔습니다. 2020년 5월 동작구 흑석동 '흑석리버파크자이' 전용면적 59m²에서 당첨자 최고 가점이 84점으로 무려 만점자가 나왔고, 9월 양천구 신월2동 신월4구역 재건축 아파트인 '신목동 파라곤' 전용면적 84m²에서도 당첨자 가운데 최고 가점이 84점이었습니다.

서울에서 최저 당첨 가능 점수인 60점을 넘기려면, 최소 3인 가족 이상이면서 무주택 기간을 15년까지 모두 채우고, 청약통장 가입 기간 또한 15년 이상을 달성해야 합니다. 이를 모두 달성하면 64점이 되지만, 무주택 기간은 만 30세 이후부터 계산하기 때문에 실제로 45세 이후가 되어야 60점대 점수(옆 페이지 표 참조)를 받

청약 가점 항목과 요건

항목	만점	요건
무주택 기간	32점	1년 미만 2점부터 15년 이상 32점 만점 (1년 단위 2점 추가)
부양가족 수	35점	0명(본인) 5점부터 6명 이상 35점 만점 (1명 단위 5점 추가)
청약통장 가입 기간	17점	6개월 미만 1점, 6개월~1년 2점부터 15년 이상 17점 만점 (1년 단위 1점 추가)
합계	84점	

을 수 있습니다.

결국 30대는 청약을 일찍 포기하고 그만큼 다른 길을 찾는 것이 정답입니다. 막연한 기대감으로 황금 같은 30대의 시간을 무주택자로 버티며 기다리기에는 기회비용이 더욱 크다는 점을 간과해서는 안 된다고 꼭 말하고 싶습니다.

단, 총 가구수가 무려 1만 2천 세대가 넘는 둔촌주공(일반분양은 4,786세대 예상)을 비롯하여 서울 주요 지역의 분양이 앞으로도 이어질 것입니다. 따라서, 40대 이상의 무주택자는 가점을 조금이라도 더 높여서 당첨자 발표일을 살펴 중복되지 않는 선에서 가능한 한 모두 분양 신청을 넣어보는 것이 현실적인 대안이 될 것입니다.

대출을 현명하게 이용하는 법

서울에서 대출을 받지 않고 오직 현금으로만 아파트를 매수하는 경우는 거의 없을 것입니다. 이 책은 서울 아파트를 대상으로 하기에 서울 아파트를 매수할 때 적용되는 대출한도를 기준으로 설명해보겠습니다.

서울은 전역이 투기과열지구로 지정되어 주택담보인정비율(LTV)*이 40%입니다(단, 투기과열지구의 매가 9억 초과 15억 미만 아파트일 때는 LTV 20%가 적용됩니다). 2021년 1월 서울 아파트 평균 가격이 10억이라고 가정한다면, 9억까지는 LTV 40% 적용, 나머지 1억은 LTV 20% 적용되어 3.8억 원을 대출받을 수 있습니다. 즉, 3.8억의 주택담보대출을 받아도 최소한 6억 2천만 원의 자본금이 있어야 대출을 받아서 집을 살 수 있다는 계산이 나옵니다.

평범한 회사원이 1년에 2천만 원 이상을 꾸준히 모으더라도 30년을 모아야 6억이 될 테니 이런 식으로는 평생 서울의 평균적인 아파트 1채도 못 산다는 결론이 나와버립니다. 사실, 억대 연봉을 받는 사람이라 해도 1년에 2천만 원씩 모은다는 일 자체가 얼마나 어려운지는 여러분들도 잘 아실 것입니다.

보금자리론 주택담보대출 조건

LTV(최대)	• 70% (규제 지역은 60%) • 최대 대출액: 3억 원 • (예외) 미성년 자녀 3명 이상일 경우: 4억 원
자격	• 부부 합산 연소득 7천만 원 이하 • (예외) 신혼부부: 부부 합산 연소득 8,500만 원 이하 　　　　미성년 자녀 1명인 경우: 부부 합산 연소득 최대 8천만 원 이하 　　　　미성년 자녀 2명인 경우: 부부 합산 연소득 최대 9천만 원 이하 • 무주택자 또는 2년 내 기존주택을 처분할 수 있는 1주택자 • (예외) 담보주택 소재지가 조정대상지역이면서, 투기 · 투기과열지구인 경우는 1년 내 처분 • 주택가격 6억 원 이하 (주거용 오피스텔 등은 대출 불가)
금리	• 연 2.25~2.60% (고정금리, 2021년 1월 기준)

다만 서울에서도 대출승인일 현재 주택가격이 6억 원 이내인 주택을 연소득 7천만 원 이하(미혼이면 본인만, 부부이면 합산소득 기준)의 무주택자 또는 1주택자(기존주택의 처분조건을 걸었을 때 일시적 2주택 허용하며, 담보주택 외 기존주택의 처분기한은 본 건 담보주택 소재지에 따라 차등 적용)가 매수하는 경우에는 최대 집값의 70% 또는 최대 3억 원 한도 내에서 한국주택금융공사 보금자리론을 이용할 수 있습니다.

미성년 자녀가 3명 이상인 가구의 경우에는 최대 4억 원까지 대출받을 수 있으며, 신혼부부(혼인관계증명서상 혼인신고일이 신청일로부터 7년 이내이거나 결혼예정자)는 부부 합산 연소득이 7천만 원을 넘더라도 8,500만 원 이하이면 대출이 가능합니다.

대출 관련 용어 정리

LTV (Loan To Value ratio, 주택담보인정비율)	• 은행에서 주택을 담보로 대출을 제공받을 때, 주택의 가치 대비 최대 대출가능 한도를 의미합니다. • LTV = (대출 금액 / 담보 주택의 가치)×100
DTI (Debt to Income, 총부채상환비율)	• 은행에 갚아야 하는 대출금 원금과 이자가 개인의 연소득에서 차지하는 비중을 의미합니다. 대출 상환액이 소득의 일정 비율을 넘지 않도록 제한하기 위해 실시하며, DTI 기준이 엄격하게 적용되면 담보 가치가 높더라도 소득이 충분치 않을 경우, 대출받을 수 없습니다. • DTI = (주택대출 연간 원리금 상환액 + 기타 대출 연간 이자 상환액) / 연간 소득액
DSR (Debt Service Ratio, 총부채원리금상환비율)	• 주택대출원리금 상환액 외 모든 기타 대출 원리금을 포함하여 총대출 금액이 연간 소득에서 차지하는 비중을 말합니다. 쉽게 말하자면, 총체적 상환 능력을 심사한다고도 볼 수 있으며, DTI보다 좀 더 확장된 개념입니다. 아래 계산식의 기타 대출에서는 신용카드 미납금, 자동차 할부금 등 갚아야 할 대출 원리금 상환액을 모두 포함합니다. • DSR = (주택대출 연간 원리금 상환액 + 기타 대출 연간 원리금 상환액) / 연간 소득액

부부 합산 연소득 기준이 까다롭지만 위와 같이 아직도 서울에서도 LTV 40%를 초과하여 받을 수 있는 대출상품이 있기 때문에(후순위담보대출이나 제2금융권의 경우를 제외하고) 우선 내 소득과 대출을 감안하여 첫 번째 집을 선택하고 이후 지속적으로 일시적 1가구 2주택을 활용하여 꾸준히 내가 더 원하는 집으로 옮기는 것을 추천합니다.

사실, 이러한 대출상품 이용 방법보다 더 현명한 방법은 우선 기존 세입자의 전세 보증금을 끼고 소위 갭투자를 진행하고 이런 집의 시세가 더 올라간 이후에 담보대출을 받아서 입주하는 것이지만, 먼저 위와 같은 정식적인 대출 방법 또한 평소에 검색을 통해 꾸준히 학습할 필요는 있습니다.

매수의 골든타임은
바로 지금

저는 2015년, 오랫동안 다니던 상암의 회사를 퇴직하고 공덕의 회사로 이직을 했습니다. 좀 더 가까운 곳에서 회사를 다니고 싶었기에 곧바로 회사 근처의 부동산에 들렀습니다. 회사 맞은편에는 마포래미안푸르지오(3,885세대, 2014년 9월 준공), 이하 '마래푸'라는 대단지 신축 아파트가 있었습니다.

2015년 당시 마래푸 33평 매매가는 7억 5천만 원이었습니다. 모아둔 돈과 대출을 활용하면 매수할 수 있을 것 같았지만, 회사의 많은 동료는 미분양이었던 마래푸를 분양가(약 6억 9천~7억 원 선)보다 더 주고 산다는 것에 극구 반대했습니다. 역시 귀가 얇은 저였기에 그들의 말에 쉽게 수긍이 갔습니다. 전세로 살면서 가격이 더 떨어지면 그때 다시 매매를 고려하는 쪽으로 결정했습니다.

2021년, 그 동료들이 지금도 같은 생각을 하고 있을지 의문입니다. 저 또한 그때의 제 생각이 얼마나 한심했는지 깨닫는 데 그렇게 오랜 시간이 필요하지 않았습니다. 지금 현재의 마래푸 가격은 제 마음이 슬퍼지므로 굳이 언급하지 않겠습니다.

2018년에 가장 많이 나왔던 얘기가 있습니다. 1998년 IMF, 2008년 전 세계적 금융위기에 이어, 10년 주기로 2018년에도 대한민국에 금융위기가 온다는 것이었습니다. 지금 생각해보니 1998년과 2008년의 경제 위기가 10년 주기로 온 것은 그저 우연의 일치에 불과한 사건이었지만, 당시에는 나름대로 합리적인 생각이라고 평가했고, 실제로 2018년이 되면 아파트값이 폭락할 것만 같았습니다.

2018년 서울 아파트값은 폭락이 아닌 폭등을 했고, 2019년엔 그보다 더 폭등했습니다. 지금은 벌써 2021년입니다. 코로나19로 전 세계 경제가 위기를 겪고 있고 실제로 실물경기가 매우 어렵다는 것을 끊임없는 뉴스와 기사로 확인했던 2020년도가 이미 지나갔습니다.

과연 여러분은 올해에는 진정한 폭락이 올 것이라고 믿습니까? 아니면 일시적인 조정이 지나갈지라도 2021년의 연말에는 '올해도 결국 또 올랐구나'라는 생각을 하게 될 것 같습니까?

명심하십시오. 무주택자에게 가장 현명한 매수 시기는 언제나 지금입니다.

PART 3.

반드시 사야 할
서울 아파트가 있다

서울 아파트는 결국,
입지 서열순으로 오른다

2010년부터 2015년까지 지루한 조정장을 거친 서울의 아파트는, 2016년부터 조금씩 상승 분위기를 타더니 2017년에서 2020년까지 가히 폭발적인 시세 상승기를 지나왔습니다.

현재 서울에서 아파트값이 안 오른 곳을 찾는 일은 거의 불가능에 가까울 만큼 최근 몇 년간 서울 25개 자치구의 아파트들은 정도의 차이만 있을 뿐 가격 측면에서 분명한 변화가 생겼습니다. 각 자치구별 대장 아파트의 전용면적 84m² 기준 실거래가 가격 변화를 한 곳씩만 나열해도 다음과 같습니다.

각 자치구별 대장 아파트의 최근 5년간 가격 변화

자치구	아파트 명	가격 변화 (기준: 만 원)
강남구	래미안대치팰리스 1단지	13억 9천(2016. 05) → 31억(2020. 06)

서초구	아크로리버파크	16억 9천(2017. 01) → 35억 9천(2020. 09)
송파구	헬리오시티	7억 6천(2015. 04) → 19억 7천(2020. 09)
용산구	센트럴파크해링턴스퀘어	14억 7천(2018. 01) → 26억 8천(2020. 09)
성동구	센트라스 1・2차	5억 8천(2015. 12) → 15억 5천(2020. 09)
양천구	목동힐스테이트	6억(2016. 12) → 15억 6천(2020. 07)
광진구	래미안파크스위트	10억 5천(2019. 04) → 14억 5천(2020. 08)
마포구	마포래미안푸르지오	7억(2015. 11) → 17억(2020. 09)
강동구	고덕그라시움	7억 7천(2016. 10) → 16억 8,500(2020. 09)
중구	서울역센트럴자이	6억 8천(2015. 10) → 15억 8천(2020. 08)
영등포구	아크로타워스퀘어	8억 9천(2017. 11) → 16억(2020.09)
동작구	아크로리버하임	15억(2020. 07) → 20억(2020. 09)
종로구	경희궁자이 2단지	10억 4천(2017.05) → 17억 7천(2020.09)
서대문구	e편한세상신촌	6억 6천(2016. 01) → 16억(2020. 07)
강서구	마곡엠밸리 7단지	4억 7천(2014. 07) → 14억 4,700(2020. 09)
동대문구	래미안위브	5억 5,500(2015. 11) → 13억 2천(2020. 09)
성북구	래미안길음센터피스	4억 5,800(2016. 06) → 14억 7천(2020. 08)
관악구	e편한세상서울대입구	5억(2017. 11) → 11억 8천(2020. 03)
노원구	포레나노원	4억 9,500(2018. 10) → 11억(2020. 05)
구로구	개봉푸르지오	4억 3,600(2016. 01) → 8억 5천(2020. 08)
은평구	녹번역e편한세상캐슬	6억 2천(2017. 12) → 12억(2020. 08)
강북구	꿈의숲해링턴플레이스	4억 8천(2017. 03) → 10억 2천(2020. 09)

중랑구	사가정센트럴아이파크	5억(2017. 02) → 11억 5천(2020. 06)
금천구	롯데캐슬골드파크 1차	5억 8천(2017. 12) → 11억 7,500(2020. 08)
도봉구	북한산아이파크	3억 9천(2013. 10) → 8억 8천(2020. 09)

위와 같이, 2004년 7월에 준공된 도봉구의 북한산아이파크를 제외하면, 상기 아파트는 모두 준공 10년 미만의 신축 또는 준신축 아파트로서 최근 4~5년간 최소 4억(구로구)에서 많게는 19억(서초구) 이상 시세가 상승한 것을 볼 수 있습니다.

확실히 비싼 아파트가 더 올랐고 서울 전 지역의 아파트 가격이 오르면서 강남권과 비강남권의 격차 또한 더 벌어졌음을 알 수 있습니다. 불과 4~5년 전만 하더라도 서울의 새 아파트는 강남을 제외하면 6~7억 이하로도 충분히 잡을 수 있었습니다(이제는 서울과의 접근성이 좋은 수도권의 새 아파트를 6~7억으로 잡는 것도 점점 어려워지고 있습니다).

아파트 가격이 상승하는 중에서도 학군과 교통 여건을 골고루 갖춘 소위 입지 좋은 곳의 아파트는 그렇지 않은 곳과 비교하여 더 가파른 상승을 보여주었습니다. 단순히 대세 상승기였기에 이런 결과가 나온 것은 아니라고 생각합니다. 조정기가 오거나 하락기가 오더라도 대다수의 사람들이 원하는 '입지'는 변하지 않습니다. 결국 서울의 아파트값은 앞으로도 입지 서열순으로 장기적인 우상향을 할 것으로 보는 것이 타당합니다.

5개 황금 입지로 살펴보는 서울 아파트 입지 분석

서울의 아파트가 입지 서열순으로 오른다면, 그 입지를 가장 잘 판단할 수 있는 근거는 '평당 가격'이 될 것입니다. 학창 시절 경제학 입문에서 배웠던 수요공급의 법칙을 떠올려보면, 결국 아파트에 대한 수요와 공급이 만나는 지점에서 가격이 결정됩니다. 결국 아파트의 가격은 그 지역의 입지를 무엇보다 분명하게 설명해주는 근거가 됩니다.

따라서 이번 3장에서는 서울 25개 구 중에서도 각 아파트의 평당 가격을 기준으로 하여, 제가 선정한 18개의 구를 5개 황금 입지로 나누어 설명하려고 합니다.

이러한 이유는 평당 가격이 유사한 지역끼리 분석하여 그중에서도 나에게 가장 잘 맞는 곳을 편리하게 찾기 위함입니다. 또한, 내가 전혀 생각하지 않았던 지역까지도 비교군에 넣고 고민하는 동안 눈에 띄지 않았던 새로운 아파트, 새로운 입지를 발견할 수도 있을 것입니다.

평당 가격을 통해 서울의 자치구를 5개 황금 입지로 나눴지만, 여기에 모든 자치구가 포함된 것은 아닙니다. 각 자치구별로 호재와 추천 아파트를 정리할 예정이며 상대적으로 호재가 적거나 이미 반영된 자치구는 제외하려고 노력했습니다. 이 책에서 나눈 5개 황금 입지에 포함되지 않았다고 해서 포함된 다른 자치구보다 입지가 안 좋은 곳은 아니라는 점을 안내드립니다.

서울 아파트의 5개 황금 입지

구분	구별 아파트 평당 평균가				금액대(평당)
황금 입지 1	관악구 (2,401만 원)	은평구 (2,348만 원)	구로구 (2,308만 원)	금천구 (1,976만 원)	2,500만 원 이하
황금 입지 2	서대문구 (2,858만 원)	강서구 (2,720만 원)	동대문구 (2,585만 원)	–	2,500~3,000만 원
황금 입지 3	강동구 (3,417만 원)	동작구 (3,360만 원)	영등포구 (3,229만 원)	–	3,000~3,500만 원
황금 입지 4	광진구 (3,895만 원)	성동구 (3,740만 원)	마포구 (3,551만 원)	양천구 (3,533만 원)	3,500~4,000만 원
황금 입지 5	강남구 (6,196만 원)	서초구 (6,124만 원)	송파구 (5,042만 원)	용산구 (4,520만 원)	4,000만 원 이상

투기지역, 투기과열지구, 조정대상지역 완벽 분석

1. 투기지역

직전 월 당해 주택가격 상승률이 전국 소비자물가 상승률을 130% 초과한 지역 중, 직전 2개월 당해 주택 평균 상승률이 전국 주택 상승률을 130% 초과하거나, 직전 1년간 당해 주택가격 상승률이 직전 3년간 연평균 전국 주택가격 상승률을 초과해야 정량 요건을 갖춥니다.

이러한 정량적 요건을 갖추고 당해 지역의 부동산 가격 상승이 지속될 가능성이 있거나 다른 지역으로 확산될 우려가 있다고 판단될 경우 투기지역으로 지정되며 2021년 1월 기준 서울에서는 강남·서초·송파·강동·마포·용산·성동·강서·양천·영등포·노원·동작·종로·동대문·중구가 해당됩니다. 그 외 지방에서는 유일하게 세종시가 해당됩니다.

투기지역에 해당하면 LTV와 DTI가 40%로 제한되고 중도금 대출 발급요건이 세대당 보증건수 1건으로 제한됩니다. 또한 주택 담보대출 건수도 세대당 1건으로 제한되며 기존에 2건 이상 아파트담보대출이 있는 경우 주택담보대출 만기연장이 제한됩니다.

세금 부분에서는 양도세의 주택 수 산정 시 농어촌주택이 포함(3년 보유 및 이전주택 매각 시 1세대 1주택 간주)됩니다.

2. 투기과열지구

위의 투기지역에 더해서 서울특별시 전역은 투기과열지구입니다. 투기과열지구는 해당 지역 주택가격 상승률이 물가 상승률보다 현저히 높은 지역에서 직전 2개월 월평균 청약 경쟁률이 모두 5 대 1을 초과하거나 주택분양 계획이 전월 대비 30% 이상 감소, 주택건설 사업계획승인이나 주택건축 허가 실적이 지난해보다 급격하게 감소된 지역을 1차 분류한 이후, 시장 상황을 고려하여 주택에 대한 투기가 성행하고 있다고 우려되는 지역을 지정합니다.

투기지역과 공통적으로 LTV와 DTI가 40%로 제한되기 때문에 사실상 구분의 의미가 없어서 2020년 5월에 투기지역·투기과열지구 통폐합 논의가 있었으나 규제 완화로 보이는 측면이 생길까 봐 무산되었습니다.

추가로 재건축 조합원 지위양도가 제한(조합설립인가부터 소유권 이전등기 시)되고, 조합원 분양권 전매제한(관리처분계획인가부터 소유권 이전등기 시)을 받습니다. 참고로 서울에서 조합을 설립하는 재건축 아파트의 경우 2년 이상 거주해야 새 아파트를 받을 자격이 주어집니다. 청약에서는 민영주택 일반공급 시 전용면적 85m² 이하에서 가점제가 100%이며, 청약 당첨 시 재당첨 제한기간은 무려 10년입니다.

중요한 점은 2020년 10월 27일부터 투기과열지구 내 주택 거래 신고 시 거래금액과 무관하게 자금조달계획서와 작성 항목별 객관적 증빙자료를 모두 제출해야 한다는 것입니다(쉽게 풀이하면 서울에서 집 사면 모든 자금 내역을 증빙하라는 뜻입니다).

3. 조정대상지역

서울특별시 전역은 투기과열지구이며 동시에 조정대상지역입니다. 조정대상지역은 직전 월부터 소급하여 3개월간 해당 지역 주택가격 상승률이 시·도 소비자물가 상승률의 1.3배를 초과한 지역으로서 다음 중 하나 이상 해당되어야 합니다.

- 직전 월부터 소급하여 주택공급이 있었던 2개월간 청약 경쟁률이 5 대 1을 초과
- 직전 월부터 소급하여 3개월간 분양권 전매거래량이 전년 동기 대비 30% 이상 증가
- 시도별 주택보급률 또는 자가주택 비율이 전국 평균 이하

이러한 요건을 만족하면서 주택분양 등이 과열되어 있거나 과열될 우려가 있을 때 조정대상지역으로 지정됩니다. 조정대상지역으로 지정되면 LTV 60%, DTI 50%로 제한됩니다. 다만, 서울은

이미 투기지역이자 투기과열지구로, LTV와 DTI가 40%로 제한되기 때문에 서울이 조정대상지역이라서 오히려 혜택을 받는 경우는 없습니다.

2020년 6월 17일 발표된 부동산 대책에 따라 투기과열지구이자 조정대상지역인 서울에서는 대출 측면에서 다음과 같은 규제가 적용됩니다.

- 2주택 이상 보유 세대는 주택신규 구입을 위한 주택담보대출 금지(LTV 0%).
- 1주택 세대는 주택 신규 구입을 위한 주택담보대출 원칙적 금지.
  예외적으로 기존주택 6개월 내 처분 및 전입 조건, 무주택 자녀 분가, 부모 별거봉양 등의 일부 경우에 한해 승인.
- 고가주택(시가 9억 초과) 구입 시 실거주 목적 제외 주택담보대출 금지.
  예외적으로 무주택 세대가 구입 후 6개월 내 전입, 1주택 세대가 기존주택 6개월 내 처분 및 전입 조건이 있을 경우에 한해 승인.
- 주택매매업·임대업 이외 업종 사업자의 주택구입 목

적의 주택담보 기업자금 대출 신규 취급 금지.
- 전세대출을 받은 이후에 3억 원 초과 아파트를 구입하면 회수. 단, 세입자 있는 경우 유예.
- 2021년 1월 1일부터 취득하는 분양권 및 입주권은 양도세 계산 시 주택 수에 산정.

가성비 주거단지의 환골탈태

황금 입지 1은 아파트 평당 평균가격(이하 평 단가) 기준으로 서울에서 아직 2,500만 원 이하인 곳 중에서도 강남, 광화문, 여의도, DMC, 구로·가천디지털단지 등 서울의 주요 업무단지로 출퇴근이 편리한 곳을 정리했습니다. 관악구, 은평구, 구로구, 금천구는 아직 구축 아파트의 가격이 비교적 저렴한 편이기 때문에 보금자리론 등을 활용하여 내 집 마련이 필요한 신혼부부나 1인 가구 중에서도 해당 지역에서 출퇴근이 용이한 직장인에게 추천합니다.

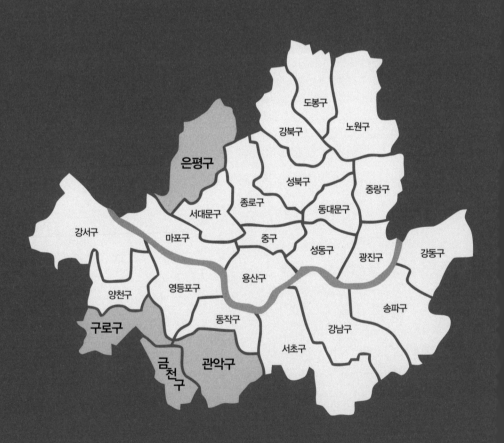

관악구	눈여겨볼 아파트	지역 호재
	• e편한세상서울대입구 2차 • 신림푸르지오 1차 • 신림현대	• 경전철 서부선 • 경전철 신림선 • 경전철 난곡선 • 신안산선

은평구	눈여겨볼 아파트	지역 호재
	• 힐스테이트녹번역 • 백련산해모로 • DMC청구아파트	• 수색역세권 개발 • GTX A노선 • 신분당선 서북부 연장 • 서부선 경전철

구로구	눈여겨볼 아파트	지역 호재
	• 구로주공 1차 • 신성은하수 • 신구로현대	• GTX B노선

금천구	눈여겨볼 아파트	지역 호재
	• 롯데캐슬골드파크 3차 • e편한세상독산더타워 • 목련아파트(시흥목련)	• 신안산선 • 금천구청역 복합개발계획

관악구

1. 들어서는 경전철만 3개, 호재의 연속

코로나19로 많은 자영업자가 힘든 시국이지만, 샤로수길에서는 간판개선사업을 통해 갖춰진 아름다운 간판을 내걸고 영업하는 다양한 식당과 카페, 옷집, 기타 소매점 등을 만날 수 있습니다. 관악구를 생각하면 늘 떠올랐던, 낡은 판자촌 일대의 봉천동, 허름한 차림의 고시생들이 모여 있던 고시촌의 신림동, 별다른 상권이 형성되지 못했던 남현동은 이제 이렇게 역사 속으로 사라지고 있습니다.

관악구는 서울의 가장 대표적인 지하철 노선인 2호선이 동서를 가로지르는 곳이지만, 그 외에는 이렇다 할 지하철 노선이 없어서 대부분의 지역에서 버스로 이동해야 하는 편입니다. 그 때문에 서울 전체 25개 자치구 중에서 인구 수로는 5위(약 499,869명)에 해당하지만(2020년 1월, 행안부 주민등록 인구통계 기준) 그만큼의 대중교통 편의가 마련되지 않아 집값 상승이 제한적이었던 곳이기도 합니다.

2. 지역 호재

관악구는 무엇보다 지하철 2호선 하나만 있는 현재의 대중교

경전철 서부선, 신림선, 난곡선 노선도

출처: 관악구청

통 수준에서 획기적 개선이 필요합니다. 다행히도 관악구에는 경전철 서부선·신림선·난곡선의 추진이 예정되어 있습니다.

먼저, 경전철 '서부선'은 2028년 개통을 목표로 하고 있으며, 뒤의 동작구에서도 다뤄지는 노선입니다. 새절역(6호선)~신촌~여의도~서울대입구역까지 총 16.15km를 연결하는 노선으로 완공이 되면, 현재 새절역에서 서울대입구까지 50분 이상 걸리는 통행시간이 절반 이하로 줄어듭니다. 관악구에서 서부선은 은천동·성현동의 대단위 아파트 단지(관악드림타운, 성현동아, 관악푸르지오 등)의 약 1만 세대의 교통 사각지대를 해소하는 역할을 하게 될 것입니다.

아울러, 경전철 '신림선'은 2022년 개통 예정이며, 9호선 샛강역에서 시작해 1호선 대방역, 7호선 보라매역, 2호선 신림역을 경유, 서울대까지 총 7.76km를 연결하는 노선입니다. 차량기지 1개소와 환승정거장 4개소를 포함한 모두 13개의 정거장이 건설되며, 개통되면 샛강역에서 서울대입구까지 출퇴근 시간이 16분가량 소요됩니다. 이는 기존 40분에서 20분 이상 단축을 의미하고, 실제 왕복 40분이 줄어드는 효과가 생기기 때문에 관악구의 대표적 교통 사각지대였던 신림동 일대의 교통문제를 해결해줄 것으로 보입니다.

마지막으로 신림선의 지선 격인 '난곡선'(보라매~난향동)은 길이 4.1km, 총 6개역으로 구성된 노선이며, 이 중 4개역이 관악구에 들어섭니다. 이르면 2022년 착공 예정이며, 2025년 완공을 목표로 시에서 직접 예산을 투입하는 재정사업으로 추진 방식을 변경하면서 사업이 진행되고 있습니다.

순차적으로 시간은 걸리겠으나, 위와 같이 경전철 서부선·신림선·난곡선이 모두 개통되면, 교통의 사각지대가 넓게 형성되었던 관악구는 관악산의 쾌적한 자연환경 아래 여의도와 강남 직장인의 튼튼한 배후 주거지로서 각광받게 될 것입니다.

3. 추천 아파트

기본적으로 신축이 귀한 관악구에 생긴 대단지 신축은 언제나 추천 대상입니다. 그 외에도 향후 최대 10년 이내로 경전철이 3개 노선이나 새로 생기는 관악구의 상황에 따라, 2022년 개통을 앞둔 신림선과 2025년 개통을 목표로 하는 난곡선의 영향을 직접 받는 곳을 추천합니다.

① e편한세상서울대입구 2차

2020년 5월부터 7월 사이에 입주한 관악구의 유일한 새 아파트로 2호선 봉천역까지 도보 7분이면 닿는 역세권입니다. 서울 어디든 교통이 편리하고, 향후 2022년에 신림선이 개통되면 신림선 서원역까지 도보 10분이면 도달할 것으로 예상되며 이를 통해 여의도 직주 근접도 누릴 수 있습니다. 남부순환도로, 강남순환 도시고속도로를 이용할 경우 강남권, 서남권까지도 출퇴근이 편리합니다.

관악초등학교, 봉림중학교, 영락고등학교가 아파트 근처에 있어 자녀가 통학하기 안심이지만 아직 학군 자체는 좋은 편이 아닙니다. 아울러, 봉천역에서 아파트까지의 길이 낡은 주택단지를 이루고 있어서 주변 지역의 정비가 시급해 보입니다. 아파트 단지가 언덕에 위치하여 지하철역에서 집까지 올 때 저절로 운동이 되는 단점이자 장점이 있습니다.

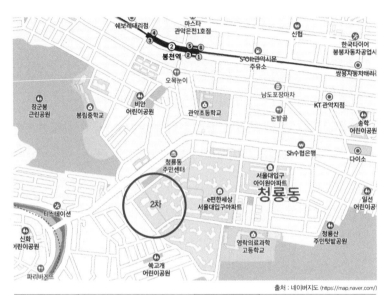

출처 : 네이버지도 (https://map.naver.com/)

주소	서울시 관악구 봉천동 1544-1	인근 지하철	2호선 봉천역
사용승인일	2020년 5월	역과의 거리	도보 7분
난방방식	개별난방, 도시가스	용적률/건폐율	220% / 23%
총 세대수	519세대	병원	에이치플러스양지병원, 강남고려병원
배정학교	관악초/봉림중/영락고	편의시설	농협하나로마트
평당가격	3,931만 원 (12.9억, 32평 중층)		

519세대 중에서 단 13세대만 청약이 아닌 공개매각 입찰 방식으로 분양하여 화제가 되었던 곳이기도 합니다. e편한세상서울 대입구 2차(519세대, 2020년 5월 입주)와 바로 옆의 e편한세상서울 대입구 1차(1,531세대, 2019년 6월 입주)를 합치면 2천 세대 이상의 대단지 신축 아파트 생활권이 형성되어 향후 입주민들의 생활 편의시설이나 커뮤니티 등이 더욱 좋아질 것으로 기대됩니다.

② 신림푸르지오 1차

신림푸르지오 1차 아파트의 경우, 미성초등학교와 난곡중학교가 아파트와 완전히 붙어 있는 초·중품아로, 시내버스를 이용해 지하철 2호선 구로디지털단지역으로 쉽게 환승 가능한 위치에 있습니다.

지하철 도보 이용이 다소 어려운 점은 단점이지만, 아파트 앞 남부순환로의 버스 노선이 워낙 다양해서 교통의 불편을 느낄 정도는 아닙니다. 예정대로 난곡선이 2025년에 개통되면, 역세권, 초·중품아, 대단지에 독산자연공원이라는 자연환경까지 갖춘 관악구의 대표 아파트가 될 가능성이 높습니다.

아파트 후문을 통해 차도를 건너지 않고 아이들이 초등학교에 등교할 수 있는 점 또한 큰 장점입니다. 단지 주변에 유흥시설이 없어 아이 키우기 안전하고 놀이터가 많아서 아이들이 매우 좋아합니다. 다만, 학군에 민감한 부모라면, 아이에게 마땅한 학원이 많지 않음이 단점이 될 수 있습니다.

2005년에 완공된 아파트로 16년차의 연식은 신축이라 볼 수 없고, 재건축 가능 아파트도 아니라서 다소 애매한 편이지만, 위와 같은 장점들과 함께 꾸준히 자산 가치가 올라갈 것으로 보입니다 (2025년에 난곡선이 개통하고 신림푸르지오 1차 아파트의 연식이 20년 차가 넘으면 재건축이나 리모델링을 기대하고 투자 수요가 꾸준히 더 유입될 가능성이 있습니다).

출처 : 네이버지도 (https://map.naver.com/)

주소	서울시 관악구 남부순환로 1430	인근 지하철	난곡선(2025년 개통 예정)
사용승인일	2005년 6월	역과의 거리	도보 6분
난방방식	개별난방, 도시가스	용적률/건폐율	297% / 18%
총 세대수	1,456세대	병원	대림성모병원
배정학교	미성초/난곡중/신림고	편의시설	이마트, 빅마켓
평당가격	2,835만 원 (9억, 31평 저층)		

③ 신림현대

신림현대(1,634세대, 1993년 5월 입주)와 앞서 소개한 신림푸르지오 1차(1,456세대, 2005년 6월 입주)는 양쪽 페이지의 지도에서처럼 각각 신림선과 난곡선의 역세권이 될 예정이며, 특히 신림현대아파트의 경우 대단지답게 해당 경전철의 2개 역을 단지의 앞

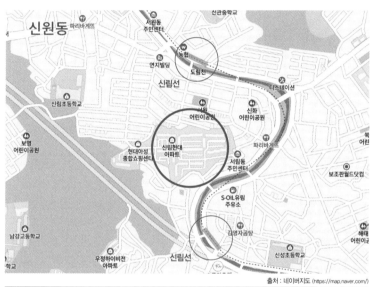

출처 : 네이버지도 (https://map.naver.com/)

주소	서울시 관악구 신림로 29길 8	인근 지하철	신림선(2022년 개통 예정)
사용승인일	1993년 5월	역과의 거리	도보 5분
난방방식	중앙난방, 도시가스	용적률/건폐율	233% / 20%
총 세대수	1,634세대	병원	에이치플러스양지병원
배정학교	신성초/신관중/남강고	편의시설	농협하나로마트
평당가격	2,372만 원 (8억 5천, 35평 2층)		

뒤로 이용 가능한 장점이 있습니다. 신림현대아파트는 28년차 아파트로, 향후 재건축을 기대할 수 있는 연식 또한 큰 장점이며, 교통의 사각지대였기에 아파트값 상승이 늘 제한적이었던 곳입니다. 따라서 1년 앞으로 다가온 신림선 개통이 현실화되면, 상승 여력이 충분한 곳으로 볼 수 있습니다.

또한 신림현대아파트의 아래로는 신림1재정비촉진구역이 위치하여, 향후 4천여 세대(예정)의 새 아파트가 들어서게 될 것입니다. 대단지 새 아파트가 주변에 들어서고, 교통이 좋아지면 자연스럽게 주변의 구축 아파트에서는 새 아파트와 가격 차이를 줄이는 갭 메우기가 진행되므로, 관악구에서 추천할 수밖에 없는 아파트입니다.

생활환경을 살펴보면, 아파트 단지 내로 마을버스가 들어오기 때문에 2호선 신림역까지 10분이면 갈 수 있습니다. 지금은 지하철 이용이 힘들지만 향후 도보 5분 거리의 경전철 신림선 개통 시 1호선, 7호선, 9호선을 모두 이용 가능하여 교통이 획기적으로 좋아지게 됩니다. 학군이 좋은 편은 아니지만 서울대학교 학생을 과외 선생님으로 상대적으로 쉽고 저렴하게 구할 수 있고 시장과 가까워 생활 물가도 쌉니다.

아쉬운 점은 단지에 경사가 있어서 주차가 불편하고, 이중 주차를 감수해야 한다는 것입니다. 중앙난방으로 관리비가 높은 편인 점도 감안해야 합니다.

은평구

1. 광화문·강남 직장인의 가성비 최강 주거환경

한국부동산원의 주간 아파트 가격 동향(2020년 12월 13일 기준)에 따르면 수도권에서 최근 한 달간 집값 상승률이 가장 높은 곳으로는 경기도 김포시(6.47%, 상승률 전국 2위), 경기도 파주시(4.95%, 상승률 전국 4위) 두 곳이 포함되었습니다. 경기도 파주시 '운정신도시센트럴푸르지오' 전용면적 84m²가 2020년 11월 9억 1천만 원에 거래가 되며 신고가를 경신한 것은 파주시가 수도권에서 거의 유일한 비규제 지역이었기에 가능한 일이었을 것입니다. 김포와 파주뿐만 아니라 이미 조정지역인 고양시 덕양구의 지축역 센트럴푸르지오(852세대, 2019년 11월 준공) 또한 전용면적 84m²가 2020년 11월에 10억 5천만 원으로 거래되었습니다.

지도를 놓고 서울을 봅니다. 파주, 김포, 고양보다 서울 출퇴근이 훨씬 용이한 은평구 불광동의 북한산힐스테이트 7차(882세대, 2011년 7월 준공)는 전용면적 84m²가 11억에 나와 있습니다. 북한산힐스테이트가 단순히 김포, 파주, 고양보다 새 아파트가 아니라서 그런 걸까요? 그렇다면 비교적 신축인 은평구 녹번동의 래미안베라힐즈(1,305세대, 2019년 8월 준공)는 어떨까요?

이곳 역시 최저가 기준 12억 5천에 매물이 있습니다. 국민평형인 전용면적 84m²(평수 기준으로 33~34평) 아파트가 경기도에서도 9억~10억을 넘는 와중에 아직 서울의 준신축~신축 아파트가 11억~12억 선에서 가격이 형성되었다면 가격 하나만 보더라도 은평구는 아직 저평가인 부분이 있습니다. 심지어 은평구에서는 6호선(상암, 공덕)이나 3호선(광화문, 강남)을 이용하여 서울 주요 업무지구로의 이동 또한 편리합니다.

은평구는 지금 수색증산뉴타운과 3호선 녹번역 등지에서 큰 변화가 일어나고 있습니다. 2020년 6월 입주한 DMC롯데캐슬더퍼스트의 경우, 2020년 7월 실거래가 기준 33평대가 12억을 돌파했습니다. 불과 3년 전인 2018년 초만 하더라도 6억 중반에 거래가 되었던 곳입니다.

녹번역과 백련산 일대도 신축 아파트로 채워지고 있습니다. 먼저 녹번역 일대는 힐스테이트녹번, 래미안베라힐즈, 힐스테이트녹번역, 녹번역e편한세상캐슬과 같이 2년 미만의 신축이 5,705세대입니다. 여기에 북한산푸르지오 및 주변 구축 아파트를 더하면 총 7천 세대가 넘는 대단지 아파트 인프라를 형성하고 있습니다.

백련산 왼쪽으로 자리한 백련산 시리즈도 만만치 않습니다. 백련산힐스테이트 1차, 2차, 3차, 힐스테이트백련산 4차, 백련산파크자이, 백련산SK뷰아이파크, 백련산해모로, e편한세상백련산을 모두 합치면 역시 7천 세대가 넘습니다. 수색증산뉴타운, 녹번역과 백련산 일대의 신축들을 보면 오래된 주택이 가득하여 주변 정비가 반드시 필요했던 은평구의 상당히 많은 구역이 대단지 신축으로 바뀌고 있음을 알 수 있습니다.

2. 지역 호재

은평구의 호재로는 수색역세권 개발, GTX A노선 개통, 신분당선 서북부 연장, 서부선 경전철 개통이 있습니다.

①1단계: DMC역 복합개발(약 2만㎡) 2020년 착공 목표
②2단계: 민간 도시개발 사업(약 20만㎡) 2025년 착공 목표

출처: 직방

얼마 전, 수색역세권 개발 계획에 관한 기사가 소개되었습니다. 수색역세권 개발사업은 서울시와 코레일이 업무 협약을 맺고 수색역과 디지털미디어시티역(DMC역) 일대를 개발하는 사업으로, 철길로 오랜 기간 단절된 상암과 수색 지역을 연결하는 데 그 목적이 있습니다. 실제로 수색 지역과 상암은 철길로 단절되어, 저도 자주 이용했던 수색역 근처의 지하 굴다리가 유일한 연결 통로이기도 합니다. 이 사업은 2022년 착공을 목표로 추진되고, 사업이 완료될 경우 일자리 약 1만 5천 개가 창출될 예정입니다. 수색역세권 개발과 함께 수색증산뉴타운의 가치는 단순히 디지털미디어시티의 배후 주거단지를 넘어 그 이상으로 꾸준히 올라갈 것으로 보입니다.

신분당선 서북부 연장사업은 향후 예비타당성조사 결과 발표가 남은 만큼 아직 언급하기에 이른감이 있으나 해당 노선도만큼은 확인할 필요가 있습니다. 아울러, 6호선 새절역과 2호선 서울대입구역을 잇는 경전철 서부선은 2020년 6월 22일 한국개발연구원 공공투자관리센터의 민자적격성 조사를 통과했습니다. 서부선 사업의 경제성 분석지수는 1.05로 나타나 경제적 타당성을 확보한 상태이며, 정책성과 경제성을 판단하는 지표(AHP) 또한 사업타당성 기준치인 0.5를 넘겨 0.671을 받았습니다.

서부선이 생기면 새절역에서 서울대입구역까지 22분 만에 도착 가능하게 됩니다. 신촌과 여의도를 은평구에서 한 번에 갈 수 있음은 물론 2호선, 1호선, 9호선, 7호선 등으로 환승할 수 있게 되어 출퇴근 시간을 크게 줄일 수 있는 만큼, 서울시는 2023년까지 실시 설계를 마친 뒤 2028년까지 개통한다는 목표입니다.

3. 추천 아파트

2021년 입주할 힐스테이트녹번역과 2020년에 입주한 백련산해모로는 은평구에서 가장 매력적인 아파트라고 할 수 있습니다. 그 외에도 수색증산뉴타운의 입지 좋은 구축 DMC청구아파트를 추천합니다.

① 힐스테이트녹번역

힐스테이트녹번역과 백련산해모로는 도보 5분 이내에 초등학교가 있고 지리적으로 북한산, 백련산이 가깝습니다. 힐스테이트녹번역은 이름처럼 3호선 녹번역까지 도보 2분 거리의 역세권입니다. 3호선 녹번역은 경복궁역(9분 소요, 광화문 직주 근접), 교대역(34분 소요, 서초·강남 직주 근접)을 모두 한 번에 갈 수 있고, 6호선 응암역은 디지털미디어시티역(5분 소요, 상암 직주 근접), 공덕역(19분 소요, 공덕 직주 근접)을 한 번에 갈 수 있습니다. 따라서 두 단지 모두 서울에서 역세권으로 교통이 편리하면서도 숲세권으로 쾌적한 자연환경까지 누릴 수 있는 곳입니다.

광화문 생활권이라 할 수 있는 경희궁자이 2단지(1,148세대, 2017년 2월 입주)의 경우 분양 당시(평균 분양가 3.3m²당 2,280만 원)만 해도 고분양가 논란으로 미분양이라는 악재를 겪었으나 2021년 현재 2단지 기준으로 25평대가 15억 3천에 매물로 나오고 있습니다. 경희궁자이에서 도보 이용 가능한 독립문역부터 경복궁역까지는 지하철만으로 3분이 소요되고, 녹번역에서 경복궁역까지는 9분이 소요됩니다. 단 6분의 차이로 경희궁자이 25평대가 15억 3천일 때 녹번역 신축 33평대가 아직 13억대라면 가격 메리트는 충분히 있습니다.

아울러, 래미안베라힐즈(1,305세대, 2018년 8월 입주)와 녹번

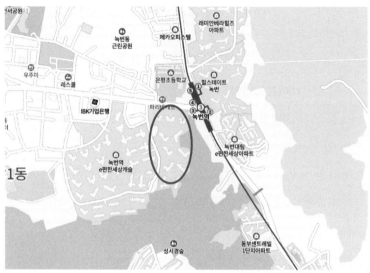

출처 : 네이버지도 (https://map.naver.com/)

주소	서울시 은평구 응암동 8	인근 지하철	3호선 녹번역
사용승인일	2021년 4월 입주 예정	역과의 거리	도보 2분
난방방식	개별난방, 도시가스	용적률/건폐율	228% / 24%
총 세대수	879세대	병원	동신병원, 청구성심병원
배정학교	은평초/충암중/명지고	편의시설	이마트, 이랜드리테일
평당가격	3,897만 원 (13억, 33평 10층)		

역e편한세상캐슬(2,569세대, 2020년 5월 입주) 또한 단지 내 위치에 따라 녹번역 도보 5분 이내에 위치해 있어, 가격대와 평형을 잘 살펴서 꼭 힐스테이트녹번역이 아니더라도 본인에게 맞는 매물을 잡는다면, 실거주 만족과 동시에 자산 가치의 꾸준한 상승을 기대할 수 있을 것입니다.

현재 앞에서 언급한 녹번역 신축 아파트는 모두 기본적으로 은평초등학교(공립)로 배정이 됩니다. 단, 은평구에서는 대성고(자사고에서 일반고로 전환), 충암고, 예일여고 정도가 선호되고 있으므로, 고등학교 이상의 자녀는 버스나 지하철을 이용해서 통학해야 하는 점은 참고해야 합니다.

② 백련산해모로

백련산해모로는 백련산 왼편에 자리한 신축 아파트 중에서 도보 3분 거리로 가장 응암역에 가깝습니다. 2020년 3월에 입주했고 약간의 언덕이 있으나 많은 부분 이미 평탄화가 이루어져 거주에는 영향이 없습니다.

백련산SK뷰아이파크(1,305세대, 2019년 8월 입주)가 바로 맞은편에 있는데 먼저 입주하여 주변 인프라가 좋아지는 데 도움이 되었고, 영락중학교 옆에 위치한 e편한세상백련산(358세대, 2021년 11월 입주)까지 입주가 끝나면 소위 백련산 시리즈(힐스테이트 1차~4차, 파크자이, SK뷰아이파크, e편한세상 등)가 모두 완성되는 만큼 주변 정비도 마무리될 것으로 보입니다.

대단지 신축 아파트 일대에서는 지하철과 초등학교가 가장 가까운 아파트를 선호하므로 백련산해모로의 인기도 꾸준할 것입니다. 다만, 녹번역 일대에서 래미안베라힐즈나 녹번역e편한세상캐슬도 추천할 수 있는 것처럼 응암역 일대에서도 가격과 조건에 따라서는 백련산 시리즈의 다른 신축도 충분히 가치가 있습니다.

생활 편의성을 살펴보면 6호선 응암역 역세권으로 3호선 녹

출처 : 네이버지도 (https://map.naver.com/)

주소	서울시 은평구 응암동 455-25	인근 지하철	6호선 응암역
사용승인일	2020년 3월	역과의 거리	도보 3분
난방방식	개별난방, 도시가스	용적률/건폐율	242% / 21%
총 세대수	760세대	병원	동신병원, 청구성심병원
배정학교	은명초/영락중/충암고	편의시설	이마트, 농협하나로마트
평당가격	3,129만 원 (10억 8천, 34평 11층)		

번역도 버스로 10분 이내에 갈 수 있습니다. 백련산과 불광천 접근성이 좋아서 쾌적한 자연환경을 누릴 수 있습니다. 은평구에서 가장 큰 이마트를 도보 10분 이내로 걸어갈 수 있어서 장보기 무척 편리합니다. 단지 내 공공도서관 건립이 확정되었기에 향후 아이들 공부시키기 좋은 아파트가 될 것입니다.

세대별 전용 지하창고가 제공되어 짐 정리하기에 좋고 평면 설계가 잘 되어 있어 24평대도 30평대처럼 넓은 거실을 자랑합니다. 다만, 브랜드 인지도가 낮고 그만큼 내장재가 고급스러운 느낌은 덜하다는 점이 다소 아쉽습니다.

③ DMC청구아파트

수색증산뉴타운의 대단지 신축 인프라(상가, 공원, 도서관, 도로 확장 등) 한가운데 있는 입주 20년 이상된 구축 아파트입니다. 연식은 오래되었으나 주변이 모두 신축 일대로 바뀌는 점을 고려할 때 신축의 최대 70~80% 선으로 가격이 따라 올라갈 것입니다.

디지털미디어시티역까지 도보로 이용 가능하며 대형마트도 가깝습니다. 용적률이 171%로 재건축이나 리모델링도 향후 고려 대상입니다. 구축이지만 지하 주차장도 있고 주차 공간이 부족하지 않습니다. 상암동 직주 근접이 가능하면서 초등학교·중학교에 다니는 자녀를 키우기 좋고, 아파트 뒤로 산이 있어 쾌적한 자연환경을 누릴 수 있는 아파트입니다.

지금은 주변이 한창 공사 중이지만 향후 DMC SK뷰(753세대, 2021년 10월 입주), DMC 센트럴자이(1,388세대, 2022년 3월 입주 예정)의 입주가 끝나면 주변 환경의 개선과 함께 더욱 살기 좋은 아파트가 될 것입니다.

디지털미디어시티역 역세권인 덕분에 상암동은 물론 마포·공덕, 용산까지도 직주 근접이 가능합니다. 주변이 화려하거나 상권이 크게 발달하진 않았지만, 아파트 뒷산까지 산책하면서 이용하

출처 : 네이버지도 (https://map.naver.com/)

주소	서울시 은평구 증산로1길 26	인근 지하철	6호선·공항철도·경의중앙선 디지털미디어시티역
사용승인일	2000년 3월	역과의 거리	도보 5분
난방방식	개별난방, 도시가스	용적률/건폐율	171% / 20%
총 세대수	196세대	병원	동신병원
배정학교	증산초/증산중/가재울고	편의시설	이마트, 홈플러스
평당가격	2,945만 원 (9억 5천, 32평 저층)		

기 좋고 불광천도 가깝습니다.

신촌 세브란스병원이 가깝고 초등학교와 중학교도 가까워서 오래 살고 싶은 아파트로 평가받습니다. 다만 구축에 소규모 단지이다 보니, 신축 아파트와 같은 커뮤니티 편의시설이 마련되어 있지는 않습니다.

구로구

1. 서울의 사통팔달, 천지개벽의 주인공

평일 출퇴근 시간, 지하철 2호선 신도림역에서 환승을 해본 사람이라면, 발이 땅에 닿지 않고도 지하철을 타고 내릴 수 있다는 신도림역의 위상을 익히 알 것입니다. 1호선과 2호선이 만나는 신도림역은 실제로 하루에 50만 명이 이용하는 역으로, 대한민국에서 가장 많은 사람이 환승하는 지하철역입니다. 인천과 부천을 비롯한 경기 남부 전역에서 지하철을 이용해 서울로 진입하려면 신도림역을 지날 수밖에 없기 때문입니다.

이러한 교통의 요지인 신도림은 90년대 초반까지만 하더라도 다양한 공장이 있는 공업지대였지만, 아파트와 편의시설(신도림 테크노마트, 이마트, 현대백화점 등)이 들어서면서 지금의 변화된 모습을 갖추게 되었습니다. '2030 서울생활권계획'에 따라 구로·신도림 지역생활권에 속하는 신도림은 아직 준공업지역비율이 23.5%로서, 여전히 준공업지역의 재생 및 활성화가 필요한 곳이기도 합니다.

흔히, 외국인이 많이 거주하는 지역으로 떠올리는 구로구는 실제로 자치구 인구 약 45만 명 중에서 2만 7천여 명이 외국인입니다(구로구 2014 통계연보 기준). 이를 구로구 전체의 인구 대비로 환산한다면 6%의 비율이지만, 신도림은 3만 8천 명의 인구 대비 약 300여 명의 외국인이 거주하고 있어 0.9%의 낮은 비율을 보이고 있습니다. 이러한 차이가 나는 가장 큰 이유는 구로구 전체의 아파트 생활권 비율이 평균 62.3%에 불과한 데 비하여 구로·신도림지역 생활권의 경우 아파트 생활권 비율이 무려 81.4%로 가장 높기 때문입니다.

신도림은 인구 대비 아파트가 많아 기본적인 생활 인프라(편의시설, 학교, 지역 상권)가 잘 갖춰졌고, 1호선과 2호선을 모두 이용 가능한 교통의 요지로, 지금도 진화하고 있습니다.

2. 지역 호재

구로구의 호재는 바로 GTX B노선입니다. GTX B노선은 송도에서 마석까지 연결되는 노선이며 예비타당성조사가 통과된 상태로서, 2022년 말 착공을 계획하고 있습니다. 실제 개통까지는 아직 10년 정도가 소요될 것으로 보이며, 2030년 하루 평균 29만 명이 이용할 것으로 예측되고 있습니다. 송도에서 서울역까지 이동 시간이 기존 82분에서 27분으로 단축된다고 하니, 가히 혁신

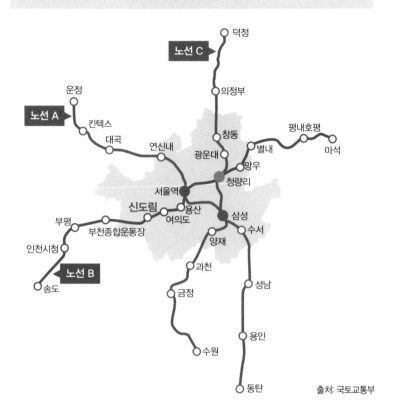

광역급행철도(GTX) 노선도

노선 C

덕정

의정부

노선 A

운정

킨텍스

대곡

연신내

창동

광운대

평내호평

별내

마석

망우

청량리

서울역

신도림

용산

여의도

삼성

부평

부천종합운동장

수서

인천시청

양재

노선 B

과천

송도

성남

금정

용인

수원

동탄

출처: 국토교통부

적인 수준이라고 할 수 있습니다. 이러한 GTX B노선이 개통되면, 신도림은 향후 1호선, 2호선, GTX B노선 3개 노선의 환승역이 되어, 현재 구로구 교통의 요지에서 인천과 서울 서남권 전체 교통의 요지로 바뀔 것입니다.

　네이버 부동산에서 입주 연차를 20년 이상(2000년대 이전 입주)으로 설정하면 대부분의 신도림 아파트가 검색됩니다. 즉, GTX B노선이 개통되는 10년 뒤에는 신도림의 많은 아파트는 30년차의 구축이 됩니다. 2030년 GTX B노선 개통, 주변 대부분의 아파트가 재건축 연한 30년 도래, 이것은 무엇을 의미할까요?

상상력이 풍부한 사람이라면 10년 후 교통의 비약적인 발전과 더불어 아파트가 대거 신축으로 바뀔 수 있는 신도림의 가치를 느낄 수 있을 것입니다.

3. 추천 아파트

구로구에서 추천할 곳은 현재 재건축 안전진단을 통과한 상태인 구로주공 1차 아파트와 소단지 역세권 리모델링 추진이 가능할 것으로 예상되는 신성은하수 아파트, 신구로현대 아파트입니다. 특히 신성은하수와 신구로현대는 모두 제3종 일반주거지역에 지어졌으며, 더블 역세권(신성은하수는 1호선과 2호선, 신구로현대는 2호선과 7호선)입니다. 이미 용적률을 최대로 이용하여 지었다는 점이 향후 리모델링 추진 시 장점이 될 것입니다.

① 구로주공 1차

현재 추진되고 있는 구로차량기지 이전에 따른 수혜 지역으로 향후 구로주공 1차 아파트가 재건축까지 완료되면 구로구를 대표하는 대단지 신축 아파트가 될 것입니다. 단지에서 초, 중, 고등학교를 모두 도보 이용 가능하며 현재는 구로 차량기지로 인해 섬같이 고립된 곳이지만 덕분에 유해 시설이 없고 아이들 키우기 안전하다는 평가를 받고 있습니다.

아파트 전체가 정남향으로 지어졌고 동간 거리가 넓습니다. 안양천에서 산책하기도 좋고 한강까지 자전거 타기에도 좋습니다. 초, 중, 고등학교가 모두 가깝고 주변이 모두 아파트라서 유해 시설도 전혀 없습니다.

건폐율이 낮아 녹지 비율이 높고 수목 시설이 풍부합니다. 치

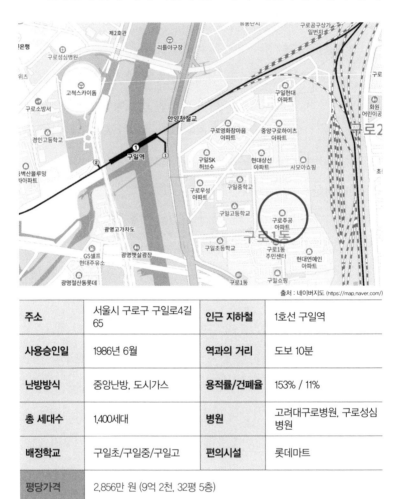

출처 : 네이버지도. (https://map.naver.com/)

주소	서울시 구로구 구일로4길 65	인근 지하철	1호선 구일역
사용승인일	1986년 6월	역과의 거리	도보 10분
난방방식	중앙난방, 도시가스	용적률/건폐율	153% / 11%
총 세대수	1,400세대	병원	고려대구로병원, 구로성심병원
배정학교	구일초/구일중/구일고	편의시설	롯데마트
평당가격	2,856만 원 (9억 2천, 32평 5층)		

안이 잘 되어 있어 아이가 혼자 저녁에 다녀도 안전한 아파트입니다. 아파트가 오래되다 보니 배관 공사가 자주 있어 온수가 단수되거나 녹물이 나오는 경우도 있음은 염두에 두어야 합니다. 지상 주차장이라서 이중 주차의 문제가 있지만 심한 편은 아닙니다.

② 신성은하수

신성은하수는 나 홀로 아파트지만 신도림 초역세권의 입지로, 홈플러스, 현대백화점, 테크노마트, 이마트가 모두 도보 5분 이내에 자리 잡은 곳입니다. 신도림 SK VIEW(주상복합)와 신도림 디큐브시티(주상복합)의 사이에 있어 향후 리모델링을 추진하게 된다면, 지금과 같은 아파트로 리모델링을 하거나 주변과 마찬가지로 주상복합으로의 전환도 기대해볼 수 있을 것입니다.

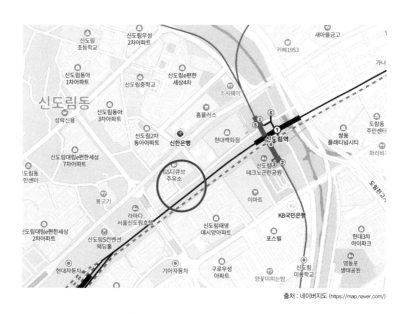

출처 : 네이버지도 (https://map.naver.com/)

주소	서울시 구로구 경인로 66길 5	인근 지하철	1·2호선 신도림역
사용승인일	1997년 7월	역과의 거리	도보 3분
난방방식	개별난방, 도시가스	용적률/건폐율	290% / 25%
총 세대수	120세대	병원	고려대학교구로병원
배정학교	미래초/신도림중/신도림고	편의시설	현대백화점, 홈플러스, 이마트
평당가격	2,194만 원 (8억 5천, 38평 1층)		

　　신도림역 초역세권으로 백화점, 홈플러스, 이마트가 모두 걸어서 5분 이내 거리에 있습니다. 1호선이 가까운 관계로 소음 문제가 있었으나, 아파트 뒤편으로 오피스텔 건물이 들어서면서 소음 문제도 많이 해결되었습니다. 나 홀로 아파트지만 주변 다른 아파트의 인프라를 그대로 이용할 수 있습니다. 다만, 지하 주차장과 아파트가 연결은 되었으나 엘리베이터가 없는 점은 불편합니다.

③ 신구로현대

　　신구로현대는 2호선과 7호선 대림역 역세권으로 동구로초등학교와 붙어 있는 일명 '초품아'입니다. 2개의 지하철에 도보 5분 이내 접근이 가능하고 초등학교가 아파트와 붙어 있는데도 평당 가격이 2천만 원대인 아파트는 이제 서울에서 찾기 어렵습니다. 이미 입주 33년차가 된 아파트의 연식 또한 재건축 투자성으로 접근한다면 큰 장점이 될 것입니다.

　　구로구청 사거리가 가까워서 주변 인프라 이용이 편리합니다.

아파트 주민만 이용할 수 있는 쪽문이 있어 네이버지도보다 실제로는 지하철역이 더 가깝습니다. 아무래도 아파트가 오래되어 주차장이 협소하고 이중, 삼중으로 주차해야 하는 편입니다. 연식으로 인해서 입주 시 전반적인 수리는 해야 합니다.

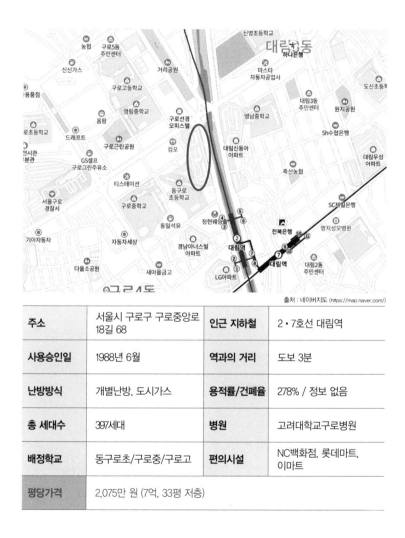

출처 : 네이버지도 (https://map.naver.com/)

주소	서울시 구로구 구로중앙로 18길 68	인근 지하철	2 · 7호선 대림역
사용승인일	1988년 6월	역과의 거리	도보 3분
난방방식	개별난방, 도시가스	용적률/건폐율	278% / 정보 없음
총 세대수	397세대	병원	고려대학교구로병원
배정학교	동구로초/구로중/구로고	편의시설	NC백화점, 롯데마트, 이마트
평당가격	2,075만 원 (7억, 33평 저층)		

금천구

1. 경기도보다 저렴했던 서울 집값 꼴찌의 반란

오래전 결혼을 앞둔 무렵 그동안 모은 돈으로 아파트를 살지, 일단 전세로 시작할지 고민을 한 적이 있습니다. 당시, 전 재산이 약 2억이 안 되었기에 그 돈으로 살 수 있는 아파트는 제한적이었고 예산보다 더 까다로운 저의 조건(2천 세대 이상 대단지, 초품아, 숲세권) 탓에 서울에서 구할 수 있는 아파트는 매우 적었습니다. 비록 매매까지 이어지진 못했지만 이러한 조건에도 불구하고 항상 후보에 올랐던 아파트가 있었는데, 금천구 시흥동에 위치한 아파트였습니다.

현장 방문(이하 '임장')을 위해 금천구를 처음 방문한 날, 금천구청역에서 버스를 타고 그 아파트까지 약 20분 넘게 가면서 지하철 역세권의 소중함을 깨달았고, 동시에 공군부대가 인접한 금천구의 오래된 저층 주택단지와 낙후된 상가, 소규모 공장들을 볼 수 있었습니다. 이미 버스를 타고 가면서 마음을 돌린 탓에 아파트에 도착해서는 집도 대충 보고 서둘러 나왔던 기억이 납니다. 시간이 흘러, 제가 집을 구경했던 그 아파트도 이젠 당시 가격보다 3배 이상은 올랐으니 '서울 대단지 아파트는 장기적으로 우상향한다'라는 절대 진리를 또 한 번 깨닫습니다.

금천구는 가산동, 독산동, 시흥동으로 나뉘어 있으며, 서울의 대표적인 공업지역입니다. 가산동에는 1965년부터 국내 최초로 건설된 한국산업단지공단(서울디지털산업단지)의 제2, 3공단(가산디지털단지)이 자리 잡았으며, 약 1,100여 개 제조업체가 입주해 있습니다. 그뿐만 아니라, 금천구에서는 가산디지털단지를 첨단 고부가가치 산업으로 육성하기 위해 의류·모피 등 패션디자인산업(2단지)과 지식·정보통신산업전문단지(3단지)로의 개발을 진행하고 있습니다.

독산동은 금천구의 중심으로, 독산동의 중심부에 위치한 공군부대는 지역 균형발전을 저해하는 원인이었습니다. 다만, 향후에는 해당 공군부대를 이전하고 주거시설과 IT 일자리 중심 사이언스파크가 들어설 계획이 있습니다.

시흥동은 가산디지털단지와 독산동 일대의 소규모 공장들의 배후 주거단지 역할을 해왔던 곳이며, 관악산과 인접하여 우수한 자연환경을 자랑하고 있습니다.

2. 지역 호재

최근 주요 언론사의 기사에서 '지난 2년간 서울에서 아파트값이 가장 많이 오른 곳'으로 발표한 지역은 '금천구(39.8% 상승)'였습니다. 금천구 다음으로는 노원구(39.3%), 중랑구(37.1%), 강북구(37.0%), 도봉구(36.7%), 광진구(36.6%), 동대문구(35.7%), 서대문구(35.2%) 순으로 지난 2년간 가격이 상승한 것으로 나왔습니다.

실제 2018년 말부터 2019년 말까지 1년간 상승한 금액 자체는 금천구 아파트가 강남권 아파트를 따라갈 수 없지만, 서울 집값 만년 꼴찌였던 금천구의 아파트 중에서 집값 상승률 상위권 아파트가 나왔다는 사실은 눈여겨볼 필요가 있습니다.

금천구는 지하철이 연결되지 않은 동네가 많고, 군부대, 우시장, 공장지대 등으로 인하여 지역발전이 더딘 곳이었습니다. 이런

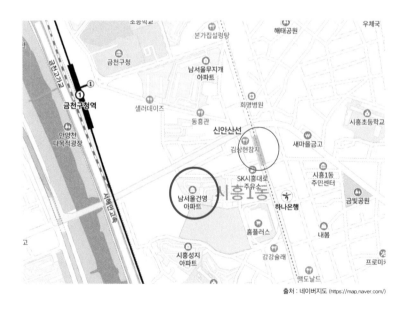

출처 : 네이버지도 (https://map.naver.com/)

108

단점으로 인하여 2016년부터 시작된 장기간의 집값 상승기에도 외면을 받았던 금천구에서도 교통이 안 좋은 시흥동의 아파트가 왜 2019년 집값 상승률에서 무려 51.88%를 기록했는지는 다음 지도를 보면 알 수 있습니다.

앞서 기사에서 언급된 남서울건영1차(260세대, 1982년 12월 입주)는 2024년 개통을 목표로 건설되고 있는 신안산선 시흥사거리역의 초역세권입니다. 입주 40년차의 연식으로 인한 높은 재건축 가능성과 향후 신안산선 역세권이라는 확실한 호재가 있어 2019년 서울 아파트 집값 상승률에서 상위권에 선정되었습니다.

신안산선은 교통의 약자였던 금천구 전체의 호재로 볼 수 있는데, 시흥사거리역과 신독산역이 모두 금천구의 중심지를 지나기 때문입니다. 그 덕분에, 금천구 아파트 매매가 추이는 꾸준히 상승하고 있습니다.

또한, 2030 서울생활권계획에 따르면 서울시는 신안산선 신독산역·시흥사거리역 개통과 함께 금천구 전체를 개발할 계획을 추진하고 있습니다. 해당 계획을 살펴보면, 서울시는 신안산선 신독산역 일대를 G밸리(가산디지털단지)의 지역생활중심지로 육성하기 위해 업무, 상업, 문화 등의 기반시설을 확충하고, 신안산선 시흥사거리역 인근에는 대형 종합병원 유치 및 재건축을 통한 주거환경 개선, 금천구청역 복합개발 등을 통해 지역단절 해소를 목표하고 있습니다.

따라서 금천구에서는 향후 신안산선의 역세권으로 변모할 아파트 중에서 실거주 만족도가 높고, 그동안 지하철 소외지역으로 아파트값 상승이 제한적이었던 곳을 찾는 것이 중요합니다.

3. 추천 아파트

금천구에서 추천할 아파트는 1호선 금천구청역 역세권인 롯
데캐슬골드파크 3차와 앞으로 신안산선 신독산역 역세권으로 바

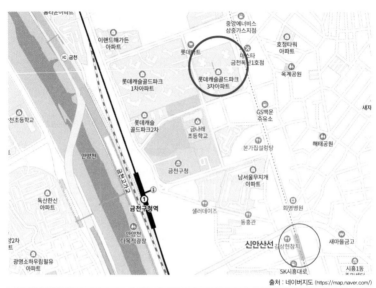

출처 : 네이버지도 (https://map.naver.com/)

주소	서울시 금천구 시흥대로 291	인근 지하철	1호선 금천구청역, 신안산선 시흥사거리역(예정)
사용승인일	2018년 10월	역과의 거리	도보 8분~10분
난방방식	개별난방, 도시가스	용적률/건폐율	499% / 59%
총 세대수	1,236세대	병원	희명병원, 광명성애병원
배정학교	금나래초/안천중/문일고	편의시설	롯데마트, 홈플러스, 뉴코아
평당가격	3,330만 원 (12억, 36평 10층)		

펄 신축 주상복합 e편한세상독산더타워, 역시 신안산선 시흥사거리역 역세권으로 바뀔 구축 목련아파트입니다.

① 롯데캐슬골드파크 3차

롯데캐슬골드파크 1차(1,743세대, 2016년 11월 입주), 롯데캐슬골드파크 2차(292세대, 2017년 9월 입주), 롯데캐슬골드파크 3차(1,236세대, 2018년 10월 입주)를 모두 합치면 3,271세대의 대단지를 형성합니다.

신축 대단지에 역세권이면서 금나래초등학교와 금천구청, 금천구다목적문화체육센터가 모두 가까운 점이 장점이며, 특히 롯데캐슬골드파크 3차는 롯데캐슬골드파크 중에서도 아파트 단지 지하에 롯데마트가 있어 생활 편의성이 매우 뛰어납니다. 초등학교가 바로 앞이고 층간소음이 적은 주상복합이어서 아이들 키우기도 좋습니다.

1호선 금천구청역은 도보로 접근 가능하고 2호선 구로디지털단지역까지 가는 버스도 아파트 바로 앞에서 탈 수 있습니다. 고층의 경우 뷰가 막힘이 없고 앞으로 신안산선이 개통되면 여의도까지 이동이 편리해집니다.

중학교부터 학군은 다소 아쉽지만 앞으로 단지 내 상가 1층에 2천평 규모의 키즈카페도 생긴다고 하니 영유아부터 초등학생까지 아이들 키우기에는 최고의 아파트입니다.

② e편한세상독산더타워

e편한세상독산더타워는 2019년 11월에 입주한 신축이며, 도보 3분 이내에 신안산선 신독산역이 예정되어 있습니다. 금천구의 대장 아파트라고 할 수 있는 롯데캐슬골드파크 1차, 2차, 3차의 경우, 1호선 금천구청역 역세권의 입지를 활용하여 금천구에서는 최

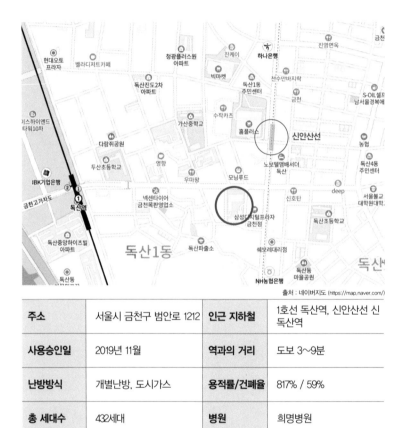

출처 : 네이버지도 (https://map.naver.com/)

주소	서울시 금천구 범안로 1212	인근 지하철	1호선 독산역, 신안산선 신독산역
사용승인일	2019년 11월	역과의 거리	도보 3~9분
난방방식	개별난방, 도시가스	용적률/건폐율	817% / 59%
총 세대수	432세대	병원	희명병원
배정학교	두산초/가산중/독산고	편의시설	홈플러스, 빅마켓, 롯데마트
평당가격	3,235만 원 (10억 4천, 32평 고층)		

초로 30평대 10억 클럽에 가입했습니다(현재 36평 12억~13억 선). 따라서 앞으로 신안산선 역세권의 입지를 감안하면 e편한세상독산더타워 또한 33평 12억 이상이 될 것입니다.

신안산선 신독산역(2024년 말 준공 예정)이 생기면 여의도까지 12분 만에 도착합니다. 실제로 아파트에서 걸어서 3분 거리에 역이 건설되고 있는 중입니다. 인천 지하철 2호선이 신독산역으로 연장될 계획에 있습니다. 서부간선도로 지하화가 2021년 완공되면 주변 환경 정비가 예상됩니다.

독산동 우시장이 맞은편에 있어 고기 비린내가 있으나 우시장은 도시재생사업 진행 중으로 근방이 개선될 것으로 보입니다. 다만, 주변에 성인나이트클럽이 있어 주의가 필요합니다.

③ 목련아파트(시흥목련)

목련아파트(시흥목련)는 1996년에 입주한 아파트로, 26년차 이상된 아파트입니다. 현재 금천구청역 역세권이면서 동시에 향후 신안산선 시흥사거리역 역세권이 가능합니다.

목련아파트의 위로는 남서울무지개(639세대, 1980년 12월 입주)가 건축심의를 통과하여 2021년 내 사업시행인가 및 2022년 이주·철거, 2025년 하반기 입주를 목표로 재건축 추진 중에 있습니다. 아래로는 남서울건영1차(260세대, 1982년 12월 입주)가 역시 재건축이 가능한 상황입니다.

위와 아래로 모두 새 아파트가 들어서고, 왼쪽에 1호선 금천구청역, 오른쪽에 신안산선 시흥사거리역을 둘 수 있는 아파트라면, 연식이 오래되고 세대수가 다소 적더라도 충분히 상승 여력이 있을 것입니다.

또한 금천구의 대장 아파트인 롯데캐슬골드파크와 인접하여 신축 대단지의 인프라(금나래초, 도서관, 공원, 마트, 구청 등)를 공유할 수 있습니다. 구립꿈나래어린이집이 아파트 맞은편에 있어 아

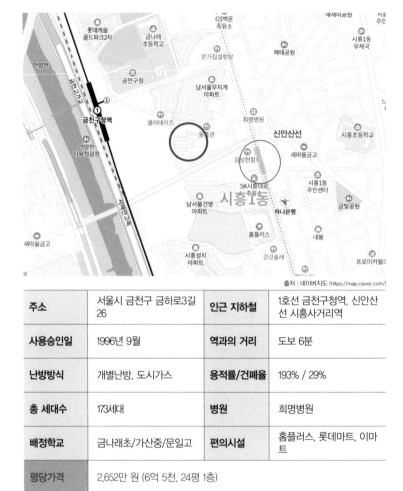

출처 : 네이버지도 (https://map.naver.com/)

주소	서울시 금천구 금하로3길 26	인근 지하철	1호선 금천구청역, 신안산선 시흥사거리역
사용승인일	1996년 9월	역과의 거리	도보 6분
난방방식	개별난방, 도시가스	용적률/건폐율	193% / 29%
총 세대수	173세대	병원	희명병원
배정학교	금나래초/가산중/문일고	편의시설	홈플러스, 롯데마트, 이마트
평당가격	2,652만 원 (6억 5천, 24평 1층)		

이 키우기에 좋고, 월 10만 원대로 저렴한 관리비도 장점입니다.

하지만 아파트가 오래되어 지하 주차장이 없고, 지상 주차장의 간격도 좁아서 주차하기 불편합니다. 102동을 제외한 나머지 2개동이 임대아파트라서 사실상 나 홀로 아파트이며, 현재로서는 거래가 많지 않아 집값이 정체된 편입니다. 그러나 투자의 관점에서 살펴보면, 구축 아파트의 경우 입주 30년차를 맞이한 이후에는 재건축 기대감으로 인해 시세가 놀랍도록 가파르게 상승합니다. 그런 만큼 입주 26년차의 연식으로 인한 불편함은 다소 감안해야 할 사항이기도 합니다.

황금 입지 2 뉴타운, 일자리, 교통 호재의 조화

황금 입지 2는 평 단가 3,000만 원 이하인 곳 중에서도 북아현뉴타운으로 신흥 부촌으로 떠오른 서대문구, 마곡이라는 강력한 일자리 호재가 있는 강서구, 전통적인 강북 교통의 중심이자 청량리 개발을 통해 천지개벽이 이뤄질 동대문구를 정리했습니다.

서대문구는 직주 근접과 학주 근접까지도 가능한 곳으로 아직 상대적으로 구축이 저렴한 편입니다. 서울의 판교로 거듭날 마곡이 위치한 강서구는 강남 접근성도 뛰어납니다. 앞으로 강북에서 가장 발전 가능성이 큰 동대문구는 직장이 서울 어디라도 직주 근접에 최적합한 곳입니다.

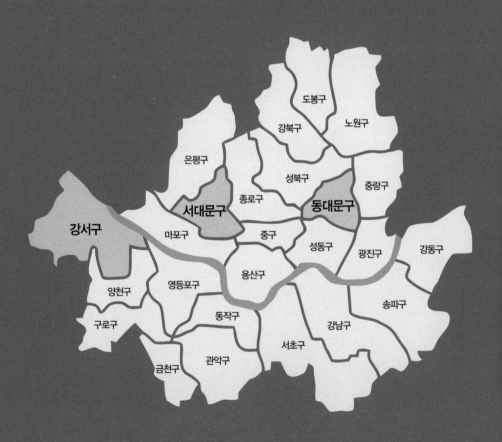

서대문구 · 강서구 · 동대문구

서대문구	눈여겨볼 아파트	지역 호재
	• e편한세상신촌 • 홍제센트럴아이파크 • DMC파크뷰자이	• 가재울뉴타운 · 북아현뉴타운의 완성 • 서부광역철도 원종홍대선 • 강북횡단선

강서구	눈여겨볼 아파트	지역 호재
	• 강서한강자이 • 마곡엠밸리 11단지 · 12단지 • 등촌주공 3단지	• 마곡지구의 완성 • CJ 가양동 부지 개발

동대문구	눈여겨볼 아파트	지역 호재
	• 래미안크레시티 • 답십리래미안위브 • 미주아파트	• GTX B · C노선 • 청량리역 광역복합환승센터 개발계획

서대문구

1. 전통의 대학가에서 상암 · 공덕 직주 근접 중심지로

대학교 4학년 때 학교에서 주관하는 멘토링에 멘토로 참여한 적이 있습니다. 후배들의 대학생활 전반에 대한 조언을 해주는 프로그램이었는데 덕분에 그들과 신촌 일대에서 많은 시간을 보낼 수 있었습니다. 당시만 해도 신촌은 연세대와 이화여대라는 든든한 학생 수요가 있어서 상권이 좋은 편이었고 예약하지 않으면 자리가 없는 식당, 호프집 등이 많았습니다. 지금은 신촌의 상권 분위기가 많이 바뀌었지만 말입니다.

서울시의 서부에 위치한 서대문구는 동쪽으로 종로구와 중구, 남쪽으로 마포구, 서쪽으로 은평구와 접해 있으며, 구의 면적은 총 17.61km²로 서울시의 2.91%에 해당합니다. 면적 대비 녹지가 풍부하여 안산, 백련산, 인왕산, 북한산 등을 보유했고 거주 인구는

312,781명(2020년 10월, 행정안전부 주민등록 인구통계 기준)입니다. 작은 면적이지만 연세대학교와 이화여자대학교를 비롯하여 명지대학교, 경기대학교 서울캠퍼스, 추계예술대학교, 감리교 신학대학교, 서울여자간호대학교 등이 있어 해당 지역에서는 20대의 유동인구가 많은 편입니다.

서대문구는 좁은 면적 대비 산이 많아 같은 구내에서도 이동이 불편하고, 조선시대에도 한성부 성저십리에 속하여 오랜 시간 사람들이 거주하며 주택이 밀집된 지역으로 서울에서도 대표적으로 주거 정비와 대중교통 개선이 필요한 곳입니다.

개인적으로는 부동산에 관심을 갖기 시작하면서 북아현뉴타운 일대를 늘 퇴근 후 돌아다녔는데 아무리 돌아다녀도 도저히 이곳이 개발될 것 같지 않아서 매수를 포기했던 곳이 있었습니다. 물론 북아현뉴타운은 지금 상전벽해를 이루었기에 부동산 투자에 있어 제게는 뼈아픈 추억이 된 곳이기도 합니다.

2. 지역 호재

오래된 빌라와 단독주택이 많은 서대문구에서도 대단지 뉴타운을 찾을 수 있습니다. 바로 디지털미디어시티의 배후 주거단지로 각광받고 있는 가재울뉴타운과 공덕 및 광화문 직장인의 든든한 배후 주거단지가 될 북아현뉴타운입니다. 이 중에서도 가재울뉴타운은 이미 완성형에 가까운 모습을 하고 있습니다.

가재울뉴타운은 디지털미디어시티역과 가좌역 사이에 있으며, 2기 뉴타운 사업으로 2009년(DMC아이파크, 362세대)부터 입주를 시작했습니다. 가좌동과 모래내 시장 일대의 오래된 빌라와 단독주택 등이 수도권 전철 경의선 개통에 맞추어 재개발된 가재울뉴타운은 디지털미디어시티의 직장인에게 자전거로도 출퇴근이 가능한 배후 주거단지입니다.

가재울뉴타운의 완성 자체가 북가좌동과 남가좌동에서는 해당 지역 전체의 인프라와 주거환경을 개선시키는 호재입니다. 2020년 2월 입주를 시작한 래미안루센티아는 물론 2022년 입주를 앞둔 DMC금호리첸시아, 향후 입주하게 될 7구역과 8구역까지 마무리가 되면 가재울뉴타운은 북가좌 6구역까지 신축만 1만 세대가 넘는 총 2만여 가구의 대단지가 완성되는 만큼, 탄탄한 시세를 견인하는 서대문구의 대표적인 뉴타운이 될 것입니다.

가재울뉴타운과 인접하여 같은 생활권 효과를 누리는 북가좌

강북횡단선의 주요역

6구역(1,903세대)의 경우 2020년 2월 조합설립인가를 받았으며 가재울 7구역(1,535세대)도 2020년 2월 서대문구청에 조합설립인가 신청을 접수했습니다.

디지털미디어시티역에는 서울 목동~청량리를 잇는 강북횡단선이 들어설 예정이며, 부천 원종동~서울 홍대입구를 연결하는 서부광역철도(원종홍대선)의 부지도 확정됐습니다. 경의중앙선, 6호선, 공항철도, 강북횡단선, 원종홍대선 등 5개 노선이 디지털미디어시티역을 이용하게 된다는 것은 해당 지역 인근의 뉴타운 가치가 얼마나 올라갈지를 상상하게 해줍니다.

아울러, 이미 타 자치구에서도 여러 번 언급된 경전철 서부선은 교통의 사각지대가 많았던 서대문구의 대중교통 이용 편리성을 뚜렷하게 개선시켜줄 것이며 가재울뉴타운 또한 명지대역이 생기면서 혜택을 받게 됩니다.

가재울뉴타운과 함께 서대문구 신축 아파트의 중심이 될 곳은 공덕과 광화문 직장인 수요를 모두 잡을 수 있는 '북아현뉴타운'입니다. 2020년 8월에 입주한 힐스테이트신촌(1,226세대)으로 북아현 1구역이 완성되었습니다. 북아현 2구역(2,316세대), 북아현 3구역(4,569세대)도 사업이 추진되고 있으며, 북아현 2구역의 경우 재정비촉진계획변경안이 2020년 1월 21일 통과되었습니다. 북아현 1-2구역(신촌푸르지오, 940세대, 2015년 10월 입주), 북아현 1-3구역(e편한세상신촌, 1,910세대, 2017년 3월 입주)의 경우 대단지 위주로 안정적인 인프라를 이미 구축하고 있습니다.

향후 총 1만 3천 세대 이상의 북아현뉴타운이 완성되면 우수한 주거환경 및 주변 인프라 덕분에 지금의 시세 또한 옛날 가격이 될 것입니다. 또한 초등학교부터 중학교, 고등학교, 대학교, 안산까지 두루 갖춘 북아현뉴타운의 장점은 앞으로도 주목받을 것으로 보입니다.

3. 추천 아파트

가재울뉴타운과 북아현뉴타운은 대단지 인프라를 모든 아파트가 함께 공유하는 곳으로, 굳이 같은 뉴타운 내에서 아파트의 순위를 나누는 것은 큰 의미가 없습니다. 다만, 2개의 뉴타운에서 각각 역세권, 초등학교 근처 위주로 추천되는 아파트는 DMC파크뷰자이(4,300세대, 2015년 10월 입주)와 e편한세상신촌(1,910세대, 2017년 3월 입주)입니다. 아울러, 광화문 직장인에게 훌륭한 대안이 될 홍제센트럴아이파크(906세대, 2020년 6월 입주) 역시 항상 추천하는 아파트이며 서대문구에 있습니다.

① e편한세상신촌

2021년에도 현재 진행형인 북아현뉴타운에는 e편한세상신촌이 있습니다. 단지가 가로로 길게 있는 덕분에 1단지는 2호선 이대역 역세권이고 4단지는 2호선 아현역 역세권입니다.

언덕에 있는 아파트는 아무래도 추천하기 전에 여러 번 고민이 되는데 대단지가 입주하다 보니 비교적 언덕은 평탄화가 진행되어 있습니다. 단지의 정중앙에 북성초등학교를 두고 있으며 북아현뉴타운의 다른 아파트들이 다소 지하철과 거리가 있는 데 비해 이대역과 아현역이 모두 도보로 이용 가능한 점도 e편한세상신촌만의 큰 장점입니다.

e편한세상신촌은 입지적으로 부족한 게 없습니다. 2호선 역세권에 버스 또한 노선이 다양해서 광화문, 종로는 물론 강남까지

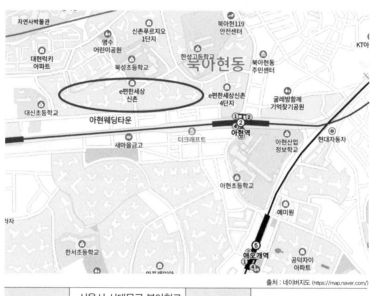

출처 : 네이버지도 (https://map.naver.com/)

주소	서울시 서대문구 북아현로 1가길 20	인근 지하철	2호선 이대역·아현역
사용승인일	2017년 3월	역과의 거리	도보 6분
난방방식	개별난방, 도시가스	용적률/건폐율	283% / 25%
총 세대수	1,910세대	병원	세브란스병원
배정학교	북성초/한성중/한성고	편의시설	현대백화점, 농협하나로마트, 이마트
평당가격	4,395만 원 (15억, 34평 2층)		

모두 한 번에 갈 수 있습니다. 동과 층에 따라 남산타워 조망이 좋은 세대도 있습니다.

대부분의 세대가 남향 위주로 구성되어 집 안이 항상 환하고 신촌에서의 다양한 문화 체험과 행사를 쉽게 이용할 수 있습니다. 2호선 아현역과 아파트가 직접 연결되어 비나 눈이 와도 서울 어느 지역이든 편하게 이동 가능합니다. 아이들 학교 등교시키기 편한 점도 큰 장점이고 안산 둘레길에서 가족들과 산책하기에도 좋습니다. 단지마다 국공립 어린이집이 있고, 입주민 자녀 입소율이 높아 아이 키우기 좋습니다. 지하 주차장도 주차 공간이 항상 넉넉합니다.

아직 주변의 재개발이 정리가 되지 않았고 외부인도 단지 내를 지나갈 수 있어서 때때로 번잡한 느낌이 날 때도 있습니다. 학군이 뛰어난 편은 아니지만 앞으로 북아현뉴타운의 완성에 따라 발전 가능성이 있습니다.

② 홍제센트럴아이파크

광화문과 강남까지 직주 근접이 가능한 3호선 홍제역 역세권 대단지 새 아파트이면서 안산 숲세권이고 고은초등학교를 마주보고 있는 곳입니다. 아파트 단지와 연결된 안산 산책길을 따라 사계절 내내 쾌적한 자연환경을 누릴 수 있습니다.

굳이 단점이라면 언덕에 있는 것이지만 아파트 정문에서 엘리베이터를 타면 단지 내로 연결됩니다. 도심 속 새 아파트에 살면서도 주변에 인왕시장이 있어 물가가 저렴하고 출퇴근이 용이하며 건강한 생활이 가능한 환경입니다. 이와 유사한 곳으로 2022년 10월 입주 예정인 서대문푸르지오센트럴파크(832세대)도 눈여겨 봐야 하며, 아직 분양권 전매제한이 있어 대체 아파트로 홍제센트 럴아이파크를 추천합니다.

교육 환경을 살펴보면 고은초등학교, 신연중학교, 서대문도서

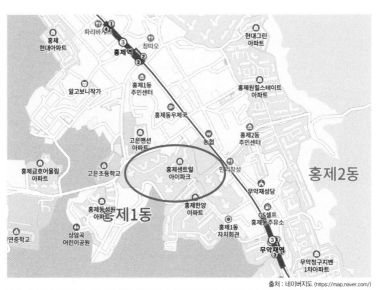

출처 : 네이버지도 (https://map.naver.com/)

주소	서울시 서대문구 통일로 395	인근 지하철	3호선 홍제역 · 무악재역
사용승인일	2020년 6월	역과의 거리	도보 8분
난방방식	개별난방, 도시가스	용적률/건폐율	219% / 20%
총 세대수	906세대	병원	동신병원, 세란병원, 강북삼성병원
배정학교	고은초/신연중/명지고	편의시설	농협하나로마트
평당가격	3,969만 원 (13억 5천, 34평 4층)		

관이 가까워서 중학교 이하까지 자녀를 키우기에 좋습니다. 주변이 조용하고 안전하지만 대형마트 같은 편의시설은 다소 부족한 편입니다. 다만 차를 타고 이마트 공덕점 또는 은평점을 이용할 수 있습니다.

③ DMC파크뷰자이

가재울 4구역이 대단지 새 아파트로 변신한 DMC파크뷰자이는 DMC금호리첸시아(450세대, 2022년 7월 입주)를 제외하면 가재울뉴타운의 신축 중에서 경의중앙선 가좌역과 가장 가까우면서도 단지 안에 가재울초등학교와 남가좌1동 주민센터를 품고 있습니다. 저 또한 자녀를 키우는 입장에서 초등학교를 큰 길 건너지 않고 보낼 수 있는 아파트를 선호하는데 이런 조건을 충족하는 곳이 바로 DMC파크뷰자이 1단지입니다.

1단지를 기준으로 맞은편에 있는 래미안루센티아(997세대, 2020년 2월 입주)와 5년 정도의 연식 차이가 나지만 가격 차이가 크지 않은 것은 역시 초등학교를 품고 있다는 사실과 역에서 더 가깝다는 점이 큰 몫을 합니다.

더불어 도심 속 한적한 신도시로 느껴질 만큼 단지가 조용하고 조경이 잘 되어 있어서 산책하기 좋습니다. 단지 안에 차가 다니지 않고 평지라서 아이들에게 안전합니다. 주변에 상가도 많이 들어왔고 광화문이나 종로까지 버스 교통이 좋습니다. 커뮤니티센터(수영장, 골프장, GX, 어린이집, 키즈센터 등)도 있어서 편리합니다.

홍제천, 안산, 불광천 산책이 가능하며 자전거로 한강 나들이 가기도 좋습니다.

다만 학원 등의 인프라는 아직 부족하다고 느낍니다. 버스 교통은 좋지만 강남까지는 강변북로가 자주 막히기 때문에 교통이 좋지 않습니다. 아직 시장 주변으로는 재개발이 안 되었지만 추진

출처 : 네이버지도 (https://map.naver.com/)

주소	서울시 서대문구 가재울미래로 2	인근 지하철	경의중앙선 가좌역
사용승인일	2015년 10월	역과의 거리	도보 7분
난방방식	지역난방, 열병합	용적률/건폐율	233% / 19%
총 세대수	4,300세대	병원	동신병원, 세브란스병원
배정학교	가재울초/연희중/가재울고	편의시설	이마트, 홈플러스
평당가격	3,641만 원 (12억 3천, 33평 중층)		

중에 있으니 주변은 더욱 정비가 될 예정입니다.

경의중앙선이 가깝지만 배차 간격이 긴 편이라서 아쉬울 때가 있습니다. 앞으로 강북횡단선, 서부선 등이 개통되면 교통 환경이 한층 개선될 것입니다.

강서구

1. 장화 신고 들어가서 구두 신고 나올 대변혁지

2016년에 처음 방문했던 마곡은 허허벌판의 공사판 그 자체였습니다. 바로 근처의 김포공항 때문에 고도 제한으로 인한 중저층 위주의 아파트가 많고, 아파트와 아파트 사이로 공사 중이거나 빈 땅이 널려 있는 곳, 중장비 차량이 끊임없이 지나가고 흙먼지가 날리는 곳이 마곡이었습니다. 신도시는 장화 신고 들어가서 구두 신고 나오는 곳이라는 얘기가 있습니다. 지금은 비록 공사판이지만, 결국 모두가 비싼 명품 구두를 신고 다니게 될 곳이라는 생각은 마곡에 처음 방문했을 때부터 줄곧 들었습니다.

2. 지역 호재

서울에서 단언컨대, 100개가 넘는 기업이 이와 같이 단기간

(2016년부터 2022년까지 총 111개 기업 입주 예정, 미분양된 부지가 있으므로 입주 기업은 더 늘어날 수 있습니다)에 입주한 신도시는 없습니다. 정부가 적극 추진하여 신설된 세종특별자치시의 경우, 정부청사 건물은 많아도 입주한 기업이 적어서 집값 상승에 다소 제한을 받았던 적이 있습니다(다만, 현재 세종특별자치시는 투기과열지구로 서울 어디와 비교해도 손색이 없을 만큼 아파트값이 올라버린 곳이 되었습니다).

이와 다르게 마곡은 앞으로 입주할 기업의 수가 서울 어느 구보다도 압도적으로 많고 이후로도 수년간 계속 발전할 수밖에 없는 곳입니다.

2021년 현재 LG사이언스파크(LG전자 · 화학 · 이노텍 · 생명과학 · 디스플레이 · 하우시스 · 유플러스 · 생활건강 · CNS · 서브원), 이랜드, S-Oil, 코오롱, 넥센, 오스템임플란트 등이 이미 마곡에 자리를 잡았으며, 한국 최대 '바이오 메카'로 급부상하고 있는 마곡지구에는 바이오 · 제약 기업들이 지속적으로 이동하고 있습니다. 마곡지구는 바이오 R&D에 특화된 클러스터로서 바이오산업 필수 인프라가 끊임없이 증가하고 있으며 각 회사 간 협력체계가 갖춰지고 있다는 점에서 앞으로도 발전 가능성이 높습니다.

또한 강서구에서는 CJ 가양동 부지(서울 강서구 가양동 92-1일대) 개발 계획이라는 굵직한 이슈가 있습니다. 해당 부지 면적은 10만 5,775m², 연면적 79만 7,149m² 규모로 서울의 대표적인 복합시설인 강남구 삼성동 코엑스(연면적 46만m²)보다 1.5배 이상 큽니다.

2019년 12월에 인창개발이 CJ 부지를 약 1조 원에 매입했고, 현재 서울시와 인창개발이 CJ 공장부지 개발을 위한 지구단위 계획 변경 및 특계 세부개발계획 결정안을 협의 중입니다. 구체적으로 해당 부지에는 지식산업센터, 판매시설, 문화 및 집회시설이 들어설 예정이며 매각 이전 CJ 측이 제안했던 공원(1,333m²)을 폐지하고 어린이 공원 면적도 3,958m²에서 3,043m²으로 축소합니다. 계획대로 진행이 된다면, CJ 공장부지 개발은 강서구 대표 개발 사업 중 하나로 자리매김할 것입니다.

해당 부지는 지하철 9호선 양천향교역 역세권이면서 마곡지구와도 가깝기에 등촌주공아파트(2~9단지)와 가양아파트(2~8단지) 등 가양동 일대가 주거 · 상업 복합 공간으로 새로 태어날 것입니다.

3. 추천 아파트

계속해서 발전할 마곡의 주변 주거단지를 살펴보면, 마곡 근처의 준신축 단지와 등촌동의 구축 단지를 발견할 수 있습니다. 그중에서도 한강변 준신축으로 CJ 공장부지와 가까운 강서한강자이와 마곡역 초역세권 마곡엠밸리 11단지, 발산역 등촌주공 3단지를 추천합니다.

① 강서한강자이

인근의 CJ 제일제당 가양동 부지 개발에 따른 직주 근접 효과가 기대되며, 가양동과 등촌동 일대에서 보기 드문 준신축 아파트로 9호선을 이용하여 마곡과 여의도까지 이동이 편리합니다.

단지 안에 차가 다니지 않아 아이들이 안전합니다. 배정되는 탑산초등학교의 학생 수가 한 반에 16명 정도라서 아이들 케어가 잘 되는 편이고, 돌봄교실과 방과 후 수업 활용도가 높아서 워킹맘이 아이들 키우기도 좋습니다.

출처 : 네이버지도 (https://map.naver.com/)

주소	서울특별시 강서구 가양동 1500	인근 지하철	9호선 가양역
사용승인일	2013년 9월	역과의 거리	도보 8분
난방방식	개별난방, 도시가스	용적률/건폐율	297% / 20%
총 세대수	790세대	병원	부민병원, 이대서울병원
배정학교	탑산초/성재중/동양고	편의시설	홈플러스, NC백화점
평당가격	3,969만 원 (13억 5천, 34평 고층)		

기둥식 무량판 구조로 지었기 때문에 일반 벽식 구조 아파트보다 층간소음이 적습니다. 한강공원이 가까워서 산책이나 운동하기 편리하고 홈플러스도 바로 앞에 있어서 장보기 좋습니다. 지하주차장도 충분히 넓고 자이라는 브랜드답게 내부 조경도 신경을 많이 썼습니다. 다만, 학군이 따로 형성되지는 않은 점 때문에 중·고등학교 학생들은 아파트 내에서 잘 보이지 않습니다.

② 마곡엠밸리 11단지

마곡엠밸리는 아직 입주 5년이 채 지나지 않은 신축으로, 향후 마곡의 모든 기업이 입주를 마치면, 한 단계 더 추가 가격 상승이 가능한 곳입니다. 아직 주변 인프라가 모두 갖춰지지 않은(바꿔 말하자면 향후 5년 내 모든 인프라가 갖춰질) 상태의 전용면적 84m²

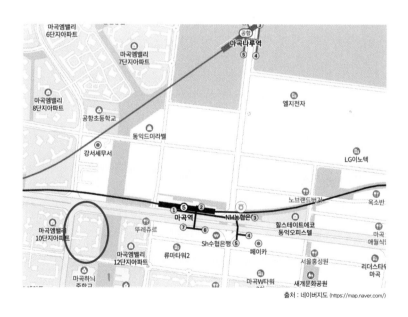

출처 : 네이버지도 (https://map.naver.com/)

주소	서울시 강서구 마곡동 746	인근 지하철	5호선 마곡역, 공항철도 마곡나루역
사용승인일	2016년 9월	역과의 거리	도보 7~17분
난방방식	지역난방, 열병합	용적률/건폐율	232% / 38%
총 세대수	347세대(공공임대 245세대)	병원	이대서울병원
배정학교	공진초/등명중/양정고	편의시설	마곡공원, 서울식물원
평당가격	3,389만 원 (12억 2천, 36평 3층)		

신축 아파트를 12억대로 잡을 수 있는 곳은 서울에서 마곡을 제외하곤 찾기가 매우 어렵습니다.

마곡엠벨리 11단지에서는 마곡 직장인이라면 누구나 꿈꾸는 직주 근접이 가능합니다. 아파트 바로 옆에 마곡하늬중학교가 있으며, 단지 근처에 공진초등학교가 있어 아이들이 등하교하기에 좋습니다. 5년 미만 신축으로 25평이어도 구조가 좋아서 실 평수 대비 거주자의 만족도가 높은 편입니다. 다만, 브랜드 아파트가 아닌 탓에 건축 자재의 품질이나 하자에 대한 민원이 지속 발생하며, 세대수가 적어 관리비가 과다하다는 이슈가 있습니다.

③ 등촌주공 3단지

등촌주공 3단지 또한 마곡 생활권으로, 비록 26년 이상된 낡은 아파트지만 그만큼 앞으로 재건축이나 리모델링을 기대할 수 있는 대표적인 등촌동의 아파트입니다. 등촌주공 3단지는 실거주자의 만족도가 높은 편인데 교통이 편리하고 바로 앞에 백화점과 초등학교, 지하철이 있다는 것을 주요 원인으로 꼽고 있습니다. 5호선 역세권으로 여의도, 공덕, 광화문 직장인까지도 출퇴근이 용이합니다. 큰길 안쪽에 위치해서 저녁에도 귀갓길이 안심된다는 평가도 많습니다. 다만, 구축 복도형 아파트로 층간소음 및 겨울철 지역난방으로 인한 관리비 증가 이슈가 항상 있습니다.

출처 : 네이버지도 (https://map.naver.com/)

주소	서울시 강서구 등촌동 688	인근 지하철	5호선 발산역, 9호선 양천향교역
사용승인일	1995년 10월	역과의 거리	도보 7~12분
난방방식	지역난방, 열병합	용적률/건폐율	226% / 17%
총 세대수	1,016세대	병원	이대서울병원, 부민병원, 미즈메디병원
배정학교	등명초/등명중/등촌고	편의시설	NC백화점, 홈플러스
평당가격	3,103만 원 (7억 중반 선, 24평 저층)		

동대문구

1. 강북을 넘어 대한민국 교통의 중심지를 향해

경희대학교 서울캠퍼스에서 구매 업무를 담당했던 적이 있습니다. 본가인 수원에서 동대문구의 회기역까지 지하철이나 버스로 출퇴근하면서, 최소 왕복 4시간 이상이 걸렸기에 퇴근 후 집에 오면 정말 녹초가 되곤 했습니다. 사회 초년생이던 시절, 출퇴근의 어려움 덕분에 처음으로 서울에 내 집을 갖고 싶다고 생각한 계기가 되었던 경험이었습니다. 퇴근 후 회식을 했던 회기역 파전골목은 지금도 종종 생각이 납니다.

경희대, 한국외대, 서울시립대, KAIST 서울캠퍼스 등이 있는 동대문구는 대학가 주변의 젊은 유동인구가 주변 상권을 활성화시켜왔으나 대체적으로 노후주택과 재래시장이 많고 대표적인 업무지구 등이 존재하지 않았기에 발전이 제한적이었던 곳입니다.

2019년 여름, 청량리역 롯데캐슬SKY-L65(1,425세대, 2023년 7월 입주)가 3.3㎡당 2,600만 원의 상당한 분양가로 성공적으로 분양을 하기 전까지만 하더라도, 청량리는 교통의 요지라기보다는 홍등가의 이미지가 강했던 것도 사실입니다. 다만 현재는 청량리를 예전의 낙후된 이미지로만 기억하는 사람은 없을 것입니다.

앞으로 청량리역 롯데캐슬SKY-L65를 비롯하여 동부청과시장을 재개발하는 청량리 한양수자인192(59층 아파트 4개동, 1,152세대, 2023년 5월 입주 예정), 청량리역 효성해링턴플레이스(40층 아파트 2개동, 220세대, 2023년 1월 입주 예정)가 모두 입주를 마치는 2023년에는 청량리역 일대에도 초고층의 스카이라인이 형성될 것입니다.

2. 지역 호재

앞으로 서울에서 지하철과 기차, 고속철도 등이 가장 많이 생길 교통의 중심지가 청량리역입니다. KTX 강릉선, 분당선, 지하철 1호선, 경의중앙선, 경춘선, GTX B·C노선, 경원선, 강북순환선, 면목선까지 총 10개의 노선이 이미 운영 중이거나 앞으로 신설 예정인 청량리역은 가히 강북을 넘어 대한민국 교통의 허브 역할을 할 것입니다. GTX 노선도에서 B노선과 C노선의 환승역이 되는 청량리역은 앞으로 서울역과 삼성역이 모두 한 정거장으로 연결되는 만큼 GTX의 수혜지역 중에서도 가장 파급력 큰 곳이 될 것으로 예상됩니다.

이러한 교통 호재에 맞추어 청량리역에는 광역복합환승센터

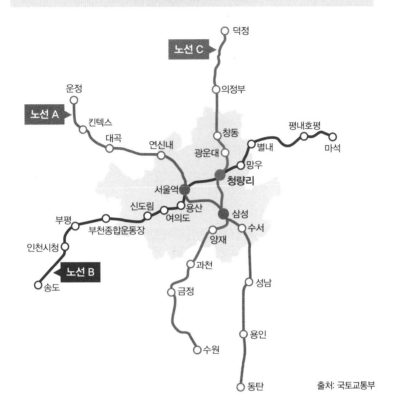

노선 C

덕정

의정부

운정

노선 A

킨텍스

대곡

연신내

창동

평내호평

광운대

별내

마석

망우

서울역

청량리

신도림

용산

삼성

여의도

수서

부평

부천종합운동장

양재

인천시청

노선 B

과천

성남

송도

금정

용인

수원

동탄

출처: 국토교통부

건설 또한 추진되고 있습니다. 광역복합환승센터의 경우, 2020년 3월 국토부 대도시권광역교통위원회에서 '청량리역 공간구조 개선 및 광역환승센터 기본구상' 연구용역 제안서 접수를 시작으로 2020년 4월부터 해당 연구가 진행되었습니다. 그리고 지난 2020년 10월 27일, 국토부 대도시권광역교통위원회는 서울시, 국가철도 공단, 한국철도공사와 함께 해당 연구의 결과에 따라, 청량리역을 이용하여 GTX의 두 노선을 승강장에서 곧장 갈아탈 수 있는 '수

평 환승시스템'이 구축하는 '청량리역 광역환승센터 종합구상안을 발표했습니다.

이에 따라 향후 GTX B·C노선이 지나는 청량리역에는 노선 간 별도 이동 없이 동일 승강장에서 바로 환승할 수 있는 수평 환승시스템이 구축됩니다. 이 같은 수평 환승시스템이 구축되면 GTX B노선에서 하차 후 계단 등을 통해 이동하지 않고도 같은 승강장에서 바로 GTX C노선으로 갈아탈 수 있게 됩니다. 또한 GTX를 중심으로 청량리역 광장 하부에는 GTX, 1호선, 버스 등 대중교통 이용객들을 위한 통합대합실을 설치해 GTX로의 접근성을 높이고 환승 동선을 최적화하기로 했습니다.

국토부는 이러한 계획과 함께 청량리역 일대를 교통의 허브이자 일자리·문화 등이 어우러진 수도권 동북부 최대 광역중심지로 조성할 계획입니다. 아울러, 홍릉연구단지, 인접 대학 등과의 시너지를 활용해 일자리 창출 및 신성장 산업 육성을 위한 상업·업무기능을 강화하고, 이와 연계한 청년주택, 문화시설 등도 함께 도입할 예정입니다. 이 모든 것이 청량리역을 중심으로 도심으로 연결되는 '상업·업무축', 홍릉클러스터 등으로 연결되는 'R&D·산학연계축', 서울시립대로 연결되는 '청년창업·문화축'으로 조성될 계획에 있습니다.

또한, 청량리동과 회기동 등 홍릉 일대는 향후 바이오산업단지로도 거듭나게 됩니다. 서울시는 2019년에 발표한 '홍릉 일대 도시재생 활성화계획'의 6대 마중물 사업과 11개 지자체 사업의 예산안을 마련해 2020년 고시했는데 주요 내용이 바로 홍릉로 118 일대 49만 7,154m² 구역을 '경제기반형 도시재생선도지역'으로 지정하고, 4차 산업의 한 축인 의료 · 바이오산업의 거점으로 육성하겠다는 것입니다.

이 지역에는 현재 고려대학교, 카이스트 서울캠퍼스, 경희대학교 등이 인접하여 있으며 각 대학별 산학협력과 연구개발을 위주로 해당 업계의 중소기업과 스타트업을 위한 공간을 육성하려는 계획입니다. 정부와 서울시가 2025년까지 국비와 시 예산 2,100억 원, 지자체 사업비 2,500억 원, 공공기관 투자 400억 원 등 약 5,043억 원을 투입하기로 발표한 만큼 해당 예산과 계획이 차질 없이 진행되어 동대문구가 의료 · 바이오산업의 중요 축으로 자리잡기를 기대해봅니다.

3. 추천 아파트

동대문구에서 추천할 아파트는 모두 청량리역과 관련이 있습니다. 앞서 동대문구의 호재로 살펴본 청량리역의 중요성과 발전 가능성을 볼 때 동대문구에서는 청량리가 아닌 다른 곳을 추천할 수가 없었습니다.

추천 아파트는 청량리역 근방의 대단지 초품아 아파트인 답십리래미안위브, 청량리역을 기점으로 맞은편에 위치하고 있는 신축 대단지 래미안크레시티와 향후 신축으로 바뀔 가능성이 있는 미주 아파트입니다.

① 래미안크레시티

래미안크레시티는 2013년에 입주한 아파트로 아직 준신축급의 컨디션을 갖고 있으며, 2,397세대의 대단지 인프라와 강북 교통의 허브 청량리역 그리고 초등학교를 동시에 도보로 갈 수 있는

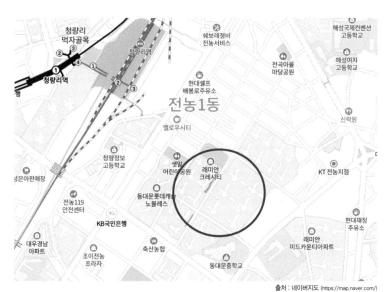

출처 : 네이버지도 (https://map.naver.com/)

주소	서울시 동대문구 사가정로 65	인근 지하철	경의중앙선·분당선·1호선 청량리역
사용승인일	2013년 4월	역과의 거리	도보 10~15분
난방방식	개별난방, 도시가스	용적률/건폐율	235% / 22%
총 세대수	2,397세대	병원	가톨릭대학교성바오로병원, 서울성심병원, 삼육서울병원
배정학교	전농초/동대문중/경희고	편의시설	롯데마트·백화점, 홈플러스
평당가격	4,377만 원 (14억 9천, 34평 1층)		

위치에 있어 동대문구의 실수요자에게 언제나 인기 있는 곳입니다. 향후 청량리역 개발과 더불어 꾸준히 실거주 만족도가 상승될 것으로 기대되며, 1, 2단지와 3단지의 초등학교 배정이 달랐던 문제 또한 주민들의 노력으로 해결 방안을 찾아갈 것으로 보입니다.

래미안크레시티는 아파트 단지 안에 국공립 어린이집과 유치원이 있고 초등학교와 중학교도 가까운 만큼, 아이들 키우기 좋은 아파트입니다. 아직 주변 지역의 재개발이 완료되지 않아 정리가 필요하긴 합니다.

세대수가 많아서 관리비가 적게 나오는 편이고 대단지 뉴타운이지만 아직 그 정도의 주변 상가가 갖춰지지 않아 쇼핑이나 식사 등은 청량리역까지 나가서 해결해야 합니다. 2단지 앞 학교 부지 옆에 서울 광역권별 도서관을 대표하는 '서울대표도서관'이 건립 예정으로 면학 분위기 조성이 기대됩니다. 향후 청량리역 주상복합 3총사(청량리역 롯데캐슬SKY-L65, 청량리역 한양수자인192, 청량리역 효성해링턴플레이스)와 더불어 청량리 교통 발전에 따라 동반 상승이 가능한 곳입니다.

② 답십리래미안위브

5호선 답십리역과 2호선 신답역 역세권으로 교통이 편리하면서 10년 미만의 준신축으로 비교적 쾌적한 주거환경이 가능하고 2,652세대의 대단지로 커뮤니티 관리 또한 잘 되고 있습니다. 단지 안의 조경이 우수하고 마감 자재가 고급스러워 실거주자의 만족도가 높습니다.

어린이집, 소아과, 도서관, 초등학교, 중학교 등이 모두 근방에 있어 어린 아이들부터 중학생까지 자녀 키우기 좋은 곳입니다. 동대문구에서 피할 수 없는 단점인 우수한 고등학군의 부재는 다소 아쉽지만 인근의 청량리역 개발과 함께 동대문구의 학군 자체도 많이 바뀔 것이라 기대합니다.

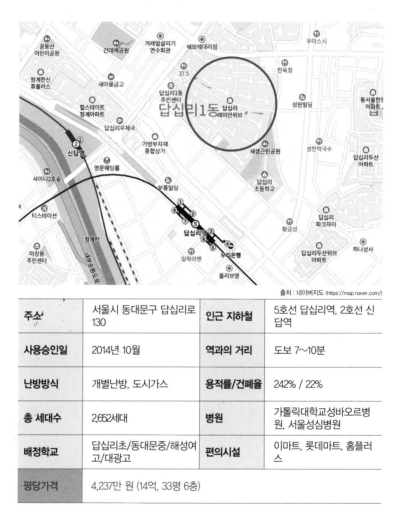

출처 : 네이버지도 (https://map.naver.com/)

주소	서울시 동대문구 답십리로 130	인근 지하철	5호선 답십리역, 2호선 신답역
사용승인일	2014년 10월	역과의 거리	도보 7~10분
난방방식	개별난방, 도시가스	용적률/건폐율	242% / 22%
총 세대수	2,652세대	병원	가톨릭대학교성바오르병원, 서울성심병원
배정학교	답십리초/동대문중/해성여고/대광고	편의시설	이마트, 롯데마트, 홈플러스
평당가격	4,237만 원 (14억, 33평 6층)		

근처에 유해 시설이 없고 최근 주위에도 신축 아파트가 입주를 해서 유치원부터 중학생 대상의 학원가가 형성되고 있습니다.

③ 미주아파트

미주아파트는 입구동인 1동을 제외하면 주로 30평대 이상의 중대형 세대가 많은 아파트입니다. 1978년에 입주한 아파트가 중대형 평수 위주라면 당시의 여건상 부자들을 위한 아파트였을 확률이 높습니다.

입지가 주는 가치는 영원하기에 청량리의 흥망성쇠와 함께하며 더욱 견고히 시세를 굳히고 있는 곳이며, 향후 청량리역에서 최고의 신축 아파트로 변모할 날이 기대되는 곳입니다. 노후 아파트의 고질적인 주차 문제, 배관과 난방 문제 등의 이슈가 있으나 수리를 깨끗하게 하여 입주한다면 실거주도 충분히 가능한 곳입니다.

청량리역 초역세권 아파트로 재건축만 된다면 강북에서 최고의 입지를 자랑하는 대단지 아파트가 될 것입니다. 자녀가 초등학생이라면 걸어서 다니기엔 홍릉초등학교가 멀기 때문에 이 점은 아쉽지만, 근방 4개 사립초등학교의 셔틀버스가 아파트 근처로 다닙니다.

무려 40년이나 된 아파트이다 보니 확실히 집이 오래되었고 겨울철에 춥습니다. 현재의 중앙난방을 개별난방으로 바꾸고 배관도 교체해야 하는데 주민의 동의를 모두 얻는 데까지 아직 시간이 걸리는 것 같습니다. 옛날 아파트라서 거실보다 방이 넓은 점 또한 참고해야 합니다.

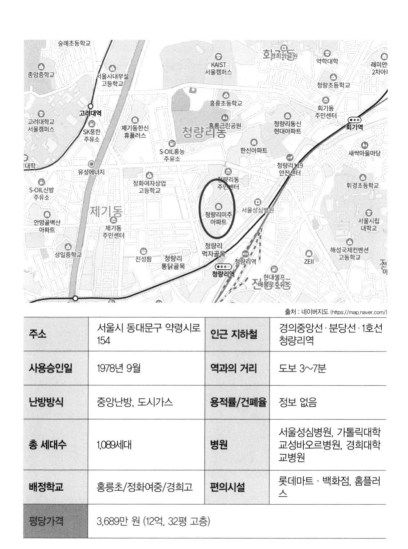

주소	서울시 동대문구 약령시로 154	인근 지하철	경의중앙선 · 분당선 · 1호선 청량리역
사용승인일	1978년 9월	역과의 거리	도보 3~7분
난방방식	중앙난방, 도시가스	용적률/건폐율	정보 없음
총 세대수	1,089세대	병원	서울성심병원, 가톨릭대학 교성바오르병원, 경희대학 교병원
배정학교	홍릉초/정화여중/경희고	편의시설	롯데마트 · 백화점, 홈플러스
평당가격	3,689만 원 (12억, 32평 고층)		

황금 입지 3

2030년 서울의 주요 도심으로 등극

황금 입지 3은 평 단가 기준으로 3,000만 원 초과 3,500만 원 이하인 강동구, 동작구, 영등포구입니다. 강남 4구로 불리는 강동구는 지하철을 이용하면 잠실과 강남이 가까운 것은 물론, 광화문까지도 직주 근접이 가능합니다. 동작구는 7호선·9호선을 이용하여 강남까지 이동이 편리하고 향후 신설되는 신림선(2022년 개통) 영향 또한 받는 곳입니다. 영등포구에서는 신길뉴타운의 가성비 우수한 신축을 추천하며, 저평가인 양평동과 문래동의 구축들도 5호선과 2호선의 편리함을 고려하여 해당 지하철로 출퇴근하는 직장인에게 좋은 선택지입니다.

도봉구
강북구
노원구
은평구
성북구
중랑구
서대문구
종로구
동대문구
마포구
중구
성동구
광진구
강서구
용산구
강동구
양천구
영등포구
송파구
구로구
동작구
강남구
서초구
금천구
관악구

	눈여겨볼 아파트	지역 호재
강동구	• 고덕그라시움 • 길동 신동아 1, 2차(재건축) • 배재현대	• 지하철 5호선, 8호선, 9호선 연장 • 고덕비즈밸리 • 강동일반산업단지

	눈여겨볼 아파트	지역 호재
동작구	• 노량진쌍용예가 • 상도아이파크 • 대방성원아파트	• 장승배기 종합행정타운 • 경전철 서부선 • 노량진뉴타운

	눈여겨볼 아파트	지역 호재
영등포구	• 신길센트럴아이파크 • 영등포아트자이 • 보라매신동아파밀리에	• 신안산선(2024년 개통 예정) • 신길뉴타운의 완성

강동구

1. 350여 개 기업과 신축 대단지 2만 세대 입주

강동구는 제가 신혼생활을 시작했던 곳입니다. 결혼을 준비하면서 아내의 직장과 가까운 강동구에 신혼집을 전세로 마련했고, 그곳에서 보석보다 귀한 아이들을 낳았습니다. 전세로 살면서 집주인이 두 번이나 바뀌는 경험을 했고 그 덕분에 부동산에 눈을 뜰 수 있었습니다.

결혼 전에는 서울의 동쪽 끝에 위치한 강동구의 존재 자체를 몰랐습니다. 살아 보니 잠실이나 강남까지도 대중교통을 이용해서 쉽게 갈 수 있고, 조금만 나가면 올림픽대로를 타고 강원도로 나들이 가기에도 좋은 곳임을 알 수 있었습니다. 회사 동료들에게 강동구 천호동에 산다고 하면, 당시만 해도 그런 유흥가에도 아파트가 있냐며, 놀라는 사람들도 있었습니다.

실제로 결혼 후 아내와 함께 집 근처의 2001아울렛을 가다가 대로변에서 바로 보이는 곳에 '청소년 출입금지'라는 현수막과 함께 홍등가가 있어 깜짝 놀랐던 경험도 있습니다. 지금은 이런 홍등가가 모두 없어지고 재개발이 한창 진행 중이니 앞으로 더 발전할 강동구의 모습이 기대됩니다.

제가 살던 곳 주변에 새로 생긴 래미안강동팰리스(999세대, 2017년 7월 입주)는 천호동의 예전 평가가 무색할 정도로 초고층(최고 45층, 무려 한강과 잠실 롯데타워가 보입니다)의 주상복합이며, 36평 중간층 이상 기준으로 14억대의 시세를 유지하고 있으니 '격세지감'이라는 말은 강동구에 정말 잘 어울리는 것 같습니다.

강동구에서 학군이 좋은 곳으로는 둔촌주공아파트(1만 2,032세대, 2021년 분양 예정)로 유명한 둔촌동, 고덕래미안힐스테이트(3,658세대, 2016년 12월 입주)와 고덕그라시움(4,932세대, 2019년 9월 입주) 등의 신축 대단지가 가득한 고덕동과 예전 한국은행 사원아파트(삼익그린 2차, 2,400세대, 1983년 12월 입주)가 있는 명일동이 있습니다. 그 외 천호역과 강동역이 있는 천호동은 강동구에서도 교통과 주변 편의시설(이마트와 현대백화점)이 잘 갖추어져 실거주 만족도가 높은 편이고, 암사동 또한 한강변에서 저렴한 물가의 암사시장을 이용할 수 있어 살기 좋습니다.

2021년, 분양을 앞두고 있는 둔촌주공아파트는 대한민국에서 가장 세대수가 많은 단일 단지이며, 이러한 대단지 신축의 영향으로 둔촌동과 주변 길동, 명일동까지 강동구는 신축 아파트가 밀집한 학군 좋은 중산층 이상의 동네로 바뀔 것입니다.

2. 지역 호재

강동구는 5호선, 8호선, 9호선 연장을 통한 교통 발전이 예정되어 있고, 고덕비즈밸리와 강동일반산업단지를 중심으로 지역경제 활성화 및 직주 근접의 입지를 강화할 것입니다. 2021년 3월까지 5호선 하남검단산역이 개통하고, 향후 5호선 직결화까지 진행되면 기존의 강동역에서 길동역과 둔촌동역으로 나뉘던 노선이 연결되어 강남까지의 접근성이 개선됩니다.

현재 5호선 명일역·고덕역 이용자는 송파구나 강남으로 가기 위해서 강동역에서 똑같은 5호선을 다시 갈아타야 하지만, 직결화를 통해 명일역에서 강남까지 약 10분 정도의 이동 시간이 단축되는 것입니다.

아울러, 8호선 연장 노선(이하 '별내선')은 암사역~구리시~별내신도시 구간(총 12.9km, 6개 정거장)이 신설되며 2023년 9월 완공을 목표로 하고 있습니다. 별내선 개통 시 경기도의 강남·송파권 진입인구를 흡수하게 되므로 향후 암사역의 유동인구가 가파르게 상승할 것으로 예상됩니다. 또한 강동구 암사동에서 경기 구리시 토평동까지는 한강 하저터널 공사가 진행되고 있으며, 개통 시 별내에서 잠실까지 27분이면 도달하게 됩니다.

쿠쿠전자를 포함한 31개 기업의 입주가 확정된 고덕비즈밸리는 향후 150여 개 기업이 입주하여 유통·판매시설과 호텔·컨벤션센터 등이 조성됩니다. 또한 강동일반산업단지에는 200여 개의 중소기업과 엔지니어링 단체 및 연구개발센터가 입주할 예정입니다. 2019년 10월에는 고덕비즈밸리 유통판매시설 1용지에 이케아의 입점이 확정되었으며, 강동구에서는 이케아 하나만으로도 연간 700만 명 이상의 외부 고객 유입을 예상하고 있습니다. 고덕비즈밸리와 강동일반산업단지는 준공 시 고용창출 약 5만 명, 경제유발효과 11조 원이 예상되는 등 강동구 전체의 일자리 창출과 세수 확대 및 도시 인프라 강화에 기여할 것으로 보입니다.

고덕비즈밸리에서 출퇴근하는 직장인이 이용할 배후 주거단지이자 강동구 학군의 중심지로 변모할 고덕동과 상일동은 이미 입주를 했거나 입주 예정인 대단지 신축이 가득합니다.

고덕래미안힐스테이트, 고덕아이파크, 고덕그라시움, 고덕아르테온, 고덕센트럴아이파크, 고덕자이, 고덕숲아이파크, 고덕롯데캐슬베네루체 등 총 19,913여 세대의 신축 아파트가 가득한 곳에 총 350여 개의 기업이 입주하는 고덕비즈밸리 · 강동일반산업단지의 성공적인 안착이 끝난다면, 강동구는 직주 근접과 학군을 모두 만족하는 단순히 강남 4구를 넘어 '신(新) 강남'이 될 것입니다.

3. 추천 아파트

강동구에서 추천 1순위는 늘 둔촌주공아파트(둔촌올림픽파크에비뉴포레)입니다. 다만, 이미 조합원 입주권의 프리미엄이 상당하고, 총 12,032세대 중에서 2021년에 4,786세대를 일반분양할 예정이기에 이곳은 청약통장을 아끼면서 기다려온 가점이 높은 청약자들이 당첨되는 것이 가장 좋습니다. 둔촌주공아파트를 제외하고 강동구에서 공동 2순위로 추천하는 곳은 실거주 만족도를 극대화

할 수 있는 신축 고덕그라시움과 향후 새 아파트로 거듭날 신동아 1, 2차, 그리고 구축이지만 웬만한 신축의 입지를 뺨치는 배재현대 아파트입니다.

① 고덕그라시움

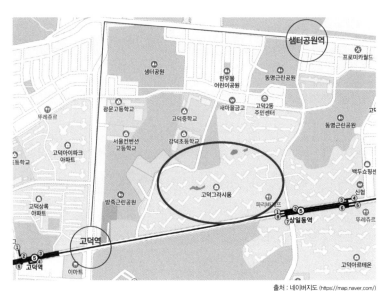

출처 : 네이버지도 (https://map.naver.com/)

주소	서울시 강동구 고덕로 333	인근 지하철	5호선 상일동역, 9호선 고덕역 · 샘터공원역
사용승인일	2019년 9월	역과의 거리	도보 1~9분
난방방식	지역난방, 열병합	용적률/건폐율	249% / 19%
총 세대수	4,932세대	병원	강동경희대학교의대병원
배정학교	강덕초/고덕중/배재고	편의시설	이마트, 홈플러스
평당가격	4,808만 원 (14억 8천, 30평 저층)		

고덕그라시움은 고덕주공 2단지를 재건축한 신축 대단지 아파트이며, 5천여 세대의 단지 규모 덕분에 9호선 연장선 고덕역과 샘터공원역의 동시 역세권이 가능한 곳입니다. 아파트와 5호선 상일동역이 연결되어 대중교통 이용하기에도 좋습니다. 강덕초등학교, 고덕중학교, 광문고등학교, 서울컨벤션고등학교가 모두 아파트에서 도보로 가능한 거리에 있어 아이들을 키우기에도 좋은 곳입니다.

샘터공원, 방죽근린공원, 동명근린공원, 명일근린공원 등 주변이 모두 녹지로 둘러싸여 자연친화적 입지를 갖고 있으면서도 9호선(연장 예정), 5호선으로 강남과 광화문의 직주 근접이 가능합니다. 입지상 고덕비즈밸리의 맞은편에 위치하고 있어 향후 직주 근접 또한 가능할 고덕의 신축 1순위 아파트입니다.

각 층마다 음식물 쓰레기를 버릴 수 있어 바깥으로 나가지 않아도 되는 점이 무척 편리합니다. 다만, 아파트의 조경과는 다소 어울리지 않는, 눈물 없인 볼 수 없는 비석도 있습니다. 아직 입주 초기라서 상가 형성이 안 되어 불편하고 공용부분 하자로 인해 커뮤니티 시설이 재공사 중입니다.

② 길동 신동아 1, 2차

신동아 1, 2차아파트는 재건축이 진행 중인 아파트이며, 현재 이주를 완료하고 철거를 앞두고 있습니다. 총 1,299세대(임대 112세대 포함)를 GS건설에서 건립할 예정이며, 2021년에 분양까지 이뤄지면 2023년 하반기에는 준공이 예상됩니다.

출처 : 네이버지도 (https://map.naver.com/)

주소	서울특별시 강동구 길동 160번지 일대	인근 지하철	5호선 길동역, 9호선 길동생태공원역
사용승인일	2023년 예정(재건축)	역과의 거리	도보 4~12분
난방방식	개별난방, 도시가스	용적률/건폐율	290% / 17%
총 세대수	1,299세대	병원	중앙보훈병원, 강동성심병원, 강동경희대학교의대병원
배정학교	신명초/신명중/둔촌고	편의시설	홈플러스, 이마트
평당가격	3,854만 원 [13억, 33평 신청분(추가 분담금 약 1.7억 별도)]		

향후 9호선 연장선 길동생태공원역에서 도보 4분 거리의 초역세권 신축 아파트가 되는 만큼 준공 완료 이후에는 근방에 위치한 e편한세상강동에코포레(366세대, 2020년 4월 입주)의 시세를 넘을 것입니다.

길동의 터줏대감 같은 아파트였기 때문에 향후 둔촌주공이나 고덕그라시움처럼 강동구의 대표적인 신축 아파트가 될 것입니다. 철거 완료 후 착공이 시작되면 매매가 불가하여 향후에 일반분양을 받거나(청약 가점이 높을 시 추천, 당첨 최저가점 69점 이상 예상) 또는 2023년 입주 초기에 조합원 입주권 급매를 매수하는 것이 좋은 방법이 되겠습니다.

앞으로 9호선 초역세권의 신축 아파트가 될 것이고, 초등학교와 중학교가 가까워 아이들이 통학하기 좋은 곳입니다. 입지가 대로변에서 안쪽으로 한 블럭 들어와서 조용합니다. 5호선 또한 도보로 가능한 거리에 있으며 길동생태공원역 개통 전에는 9호선 보훈병원역까지 마을버스로 편리하게 이동할 수 있습니다.

재건축 사업 진행 과정에서 2020년 6월에 기존 조합장을 해임했으며, 내부 문제로 철거 등이 지연된 점은 아쉽습니다. 직접 거주할 수 없고 순수하게 입주권을 매수하는 형태라서 초기 투자금(현금)이 많이 들어가는 편입니다.

③ 배재현대

고덕역 1번 출구로 나오면 바로 보이는 아파트입니다. 사실, 고덕상록아파트가 더 잘 보이지만 여기는 공무원 임대 아파트로 일반인 거주 및 투자가 불가하여 제외합니다. 배재현대는 강동구의 명문 학군 배재중학교(2019년 수능 만점자 2명 배출) · 배재고등학교를 다니거나 다니고 싶은 자녀가 있는 부모에게 좋은 아파트이며, 묘곡초등학교도 바로 길 건너에 위치하여 편리합니다.

용적률이 높아 재건축 사업성은 없지만, 2021년 1월 기준 리모델링 설계업체를 선정한 상태입니다. 5호선 고덕역(향후 9호선 연장 예정) 초역세권에 학군이 우수하고 맞은편 재건축 단지들이 모두 신축으로 전환되면 꾸준한 갭 메우기를 기대할 수 있습니다.

초·중·고등학교가 모두 가까우면서 5호선 역세권으로 이마

출처 : 네이버지도 (https://map.naver.com/)

주소	서울시 강동구 고덕로61길 37	인근 지하철	5호선 고덕역
사용승인일	1995년 11월	역과의 거리	도보 3분
난방방식	개별난방, 도시가스	용적률/건폐율	399% / 24%
총 세대수	448세대	병원	강동경희대의대병원, 강동성심병원, 중앙보훈병원
배정학교	묘곡초/배재중/배재고	편의시설	이마트, 홈플러스
평당가격	3,611만 원 (13억, 36평 중층)		

트도 가까워서 고덕에서는 입지와 학군, 자연환경 등 모든 것을 만족하는 아파트입니다. 1995년에 지어진 만큼 연식이 유일한 단점이지만 각 동마다 지하 3층까지 연결된 주차장이 있어서 생활하기 편리하고 수리해서 입주하면 괜찮습니다. 주변에 공원이 많고 향후 리모델링이 본격적으로 추진된다면 고덕에서 최고의 아파트가 될 것이라 확신합니다.

앞으로 9호선 고덕역이 개통하면 강남 접근성도 개선이 되기 때문에 투자 가치도 좋습니다. 다만, 세대수가 많지는 않아서 관리비는 동일 평형 대단지 대비 조금 더 나오는 편입니다.

동작구

1. 서부선과 뉴타운, 행정타운이 이끄는 변화

2017년 8월, 동작구 사당동 이수역 리가아파트에 청약을 넣었던 경험이 있습니다. 2013년에 이미 입주가 끝난 아파트가 4년 후인 2017년에 일반분양을 다시 한다니 의아한 일이었습니다.

조합원 간의 분쟁으로 인해 입주하지 않았던 조합원 입주권 약 200세대 물량이 조합 청산과 함께 일반분양으로 나온 것입니다. 이미 입주 4년을 넘긴 아파트에 청약 신청하는 것을 이해하지 못하는 사람들이 많았지만, 입지나 가격(2017년 일반분양가는 33평 기준 6억 후반에서 7억 초반이었습니다)면에서 충분히 메리트가 있다고 판단했습니다.

생각보다 당첨 가점 커트라인이 낮은 편이었고, 경쟁률도 낮았지만 그보다 더 낮았던 저의 가점으로 인해 아쉽게도 떨어졌던 기억이 납니다. 2021년 1월 기준 이수역 리가는 33평(전용 84m²)이 13억 중반을 넘어섰습니다.

지역 특성을 보면, 동작구에는 국가와 민족을 위해 헌신한 국가유공자를 모신 국립현충원이 있으며, 조선시대 충신의 상징인 사육신묘, 장승이 서 있던 장승배기, 양녕대군이 국사를 걱정했다는 국사봉 등이 있을 만큼 서울에서는 역사적인 곳입니다. 이러한 이유로 동작구는 충효의 고장으로 불리기도 합니다. 동작구청 홈페이지에서는 이러한 동작구의 특성을 살린 동작 충효길을 자세한 설명과 함께 만나볼 수 있습니다.

2. 지역 호재

동작구의 중요한 호재로는 장승배기 종합행정타운(2022년 완공 예정)과 경전철 서부선(2028년 개통 예정) 그리고 노량진뉴타운이 있습니다. 먼저, 장승배기 종합행정타운이란 기존 노량진의 동작구청과 경찰서를 장승배기로 이전하여 동작구 북부에 편중된 행정 시설을 중앙으로 옮기는 작업입니다. 이를 통해 노량진의 현 청사 부지에 상권 활성화 시설을 유치하고, 상업 중심지로 육성하겠다는 계획입니다.

장승배기 종합행정타운은 행정안전부 타당성조사를 2016년 4월에 통과하여 사업의 경제·정책적 타당성을 모두 확보한 사업이며, 2022년 내 준공을 목표로 하고 있습니다. 이처럼 장승배기역 일대에 종합행정타운이 조성될 경우, 연간 6,908억 원의 생산

유발 효과와 연간 13,824명의 취업유발 효과가 예상됩니다.

장승배기역 일대가 종합행정타운으로 바뀌면서 주변의 정비가 일어날 것은 당연하고, 역시 노량진역의 현 청사가 없어지면서 해당 부지에 걸맞은 상업시설이 유치되어 상권이 좀 더 활발하게 살아날 것으로 기대됩니다.

동작구의 두 번째 호재는 2028년 개통 예정인 경전철 서부선입니다. 앞서 은평구, 관악구 편에서도 언급된 경전철 서부선은 예상 노선도를 봤을 때, 기존에 역세권이 아니었던 상도동의 건영약수아파트가 가장 큰 수혜지역으로 보입니다.

한편으로 장승배기역과 노량진역 또한 근처의 구축 아파트에 영향을 미칠 것으로 보입니다. 장승배기 종합행정타운과 경전철 서부선에서 공통적으로 발전되고 있는 지역은 장승배기역과 노량진역입니다. 이중에서 노량진에는 노량진뉴타운이 있으며, 2017년 12월을 기점으로 모든 구역의 조합설립이 끝났습니다.

노량진뉴타운의 경우, 노량진 수산시장의 상인과 고시촌의 건물주 등 이해관계가 복잡하여 2003년 뉴타운 지정 이후에도 2017년 마지막으로 3구역 조합이 설립되기까지 어려운 점이 많았습니다. 서울시에 남은 마지막 뉴타운으로, 그동안은 지지부진했던 사업성 탓에 외면받았지만 2018년 이후 꾸준히 투자자의 관심을 받고 있습니다.

앞서 소개한 새절역부터 서울대입구역까지 잇는 경전철 서부선이 노량진뉴타운을 관통하며, 서울 도심권 및 강남권으로의 교통이 좋은 노량진의 특성상 약 8천 가구에 달하는 노량진뉴타운의 모든 아파트가 입주를 끝내면 서울 서남권의 대표적인 주거지로 자리를 잡을 입지입니다.

3. 추천 아파트

이러한 동작구의 호재를 살펴보았을 때, 추천하는 아파트는 장승배기 종합행정타운 개발 호재의 영향을 받는 상도아이파크, 노량진역 근처의 역세권으로 향후 주변 개발에 따른 반사이익을 확실히 챙길 수 있는 노량진쌍용예가, 마지막으로 신림선 대방역 역세권으로 변모할 대방성원아파트입니다.

① 노량진쌍용예가

노량진쌍용예가는 현재 노량진역과 도보 8분 거리에 있으며, 노량진뉴타운이 모두 완성되기 전까지 노량진뉴타운 구역에 있는 거의 유일한 아파트입니다. 뉴타운 완성 전에는 주변에 다른 아파트가 없어 가격이 꾸준히 상승할 것이고, 뉴타운 완성 이후에는 뉴타운 신축들의 시세를 일정 부분 차이를 두고 계속해서 따라가는 일종의 갭 메우기가 일어날 곳입니다. 동작구에서 꼭 관심을 갖고 지켜봐야 할 아파트입니다.

이마트 여의도점, IFC몰, 롯데백화점 관악점 등 대형마트와 백화점이 근방에 자리 잡고 있고, 여의도성모병원 및 중앙대학교병원 등 종합병원도 매우 가까워 생활하기에 편한 곳입니다. 아파트가 깨끗하게 잘 관리되고 있으며, 일부 세대는 한강 조망이 가능하여 여의도 불꽃축제를 집에서 즐길 수 있습니다.

아쉬운 점은 요즘 신축 아파트에 비해서 커뮤니티 시설이 따로 없다는 것입니다. 중·고등학교는 멀어서 전학을 고려해야 하며, 단지가 언덕 위에 위치해 있습니다. 다만 엘리베이터가 있어서 언덕을 오르는 일이 자주 있지는 않습니다.

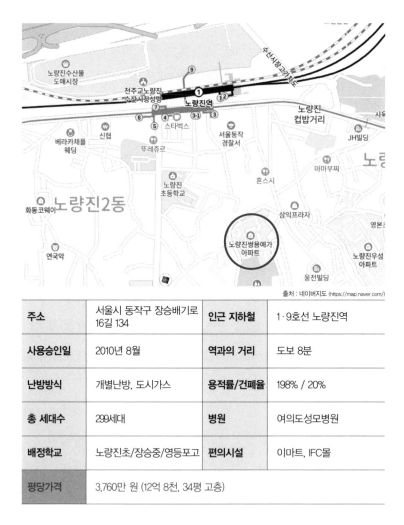

출처 : 네이버지도 (https://map.naver.com/)

주소	서울시 동작구 장승배기로 16길 134	인근 지하철	1·9호선 노량진역
사용승인일	2010년 8월	역과의 거리	도보 8분
난방방식	개별난방, 도시가스	용적률/건폐율	198% / 20%
총 세대수	299세대	병원	여의도성모병원
배정학교	노량진초/장승중/영등포고	편의시설	이마트, IFC몰
평당가격	3,760만 원 (12억 8천, 34평 고층)		

② 상도아이파크

7호선 장승배기역과 상도역 사이에 위치한 상도아이파크는 더블 역세권이나 현재는 두 역 모두 도보 10분 내외로, 역세권이라기에는 다소 먼 편에 속합니다. 단, 향후 2028년에 예정대로 경전철 서부선이 개통되면 도보 1분 거리에 역이 생기면서 초역세권에

출처 : 네이버지도 (https://map.naver.com/)

주소	서울시 동작구 장승배기로 26	인근 지하철	7호선 장승배기역 · 상도역
사용승인일	2004년 4월	역과의 거리	도보 10분
난방방식	개별난방, 도시가스	용적률/건폐율	299% / 20%
총 세대수	400세대	병원	중앙대학교병원, 서울시보라매병원
배정학교	신상도초/장승중/영등포고	편의시설	롯데백화점, 이마트
평당가격	3,517만 원 (11억 4천, 32평 9층)		

초품아(신상도초등학교)가 됩니다. 현재도 역세권이면서 향후에는 초역세권으로 바뀔 아파트라면 동작구에서도 관심을 가져야 할 이유가 충분합니다.

2000년대 초반 지어진 아파트라서 연식이 오래되었지만 내부 면적이 잘 나와서 30평대 아파트를 확장하면 40평처럼 커 보이는 아파트입니다. 동작구 특유의 조용한 분위기에서 아이들 키우기 좋습니다. 초등학교와 중학교가 모두 도보 5분 이내로 가깝습니다. 다만 학교가 언덕에 있어서 꽤 올라가야 하는 점은 아쉽습니다.

③ 대방성원아파트

신길초등학교, 숭의여중·고등학교, 성남중·고등학교가 아파트를 둘러싼 환경으로, 유해 환경이 없어서 아이들이 초·중·고등학교 내내 안전하게 다닐 수 있습니다.

도보 8분 거리에 1호선 대방역이 있으며 2022년에 개통하는 경전철 신림선의 대방역 역세권입니다. 노량진근린공원이 있어 산책하기 좋고 대로변의 동을 제외하면 조용하고 쾌적한 주거환경입니다. 맞은편 대방대림아파트(1,628세대, 1993년 11월 입주)의 대림쇼핑타운을 편리하게 이용 가능하며, 5호선 여의도역까지도 버스로 두 정거장이어서 여의도 직장인에게는 직주 근접이 가능한 아파트입니다.

아파트 단지와 뒷동산의 등산로가 연결되어 밤에도 안전하게 산책할 수 있습니다. 동작구에서 학군이 좋은 편이고 아파트 근처에 유해 환경도 없습니다.

노량진뉴타운이 완성되면 배후효과와 함께 시세 상승 또한 예상되는 곳입니다. 여의도 직주 근접이면서 보라매역 인근에 대형 학원도 많고 목동에서도 학원버스가 운행됩니다. 다만, 아파트가 오래되어 주차 공간이 협소하고 지하 주차장이 지상으로 연결되지 않은 점은 불편합니다.

출처 : 네이버지도 (https://map.naver.com/)

주소	서울시 동작구 여의대방로 44길 9	인근 지하철	1호선 대방역, 신림선 대방역(예정)
사용승인일	1994년 1월	역과의 거리	도보 6~8분
난방방식	개별난방, 도시가스	용적률/건폐율	298% / 18%
총 세대수	487세대	병원	성애병원, 가톨릭대학교 여의도성모병원, 보라매병원
배정학교	신길초/숭의여중 · 성남중/숭의여고 · 성남고	편의시설	이마트, IFC몰, 롯데백화점, 신세계백화점
평당가격	3,784만 원 (11억 8천, 31평 고층)		

영등포구

1. 서울 3대 도심으로 입지를 굳힐 신(新) 주거지역

2010년 7월. 영화 〈솔트〉가 개봉했을 무렵, CJ CGV에서 근무했던 저는 본사에서 파견을 나가 영화 홍보를 위해 한국에 온 '안젤리나 졸리'를 지키는 역할을 했습니다. 영등포 타임스퀘어에서 할리우드 배우의 내한 행사를 담당했던 것입니다.

당시 새롭게 오픈한 지 1년도 안 된 타임스퀘어에서 행사를 진행하면서 쇼핑몰 전체의 새로운 직원들과도 다양한 소통을 해야 했고 우여곡절이 참 많았습니다. 안젤리나 졸리의 동선을 사전에 체크하고 수많은 인파를 타임스퀘어 직원들과 함께 통제해야 했던 경험은 지금도 영등포 타임스퀘어를 갈 때마다 생각이 납니다.

굳이 10년도 지난 경험을 떠올려본 이유는, 영등포는 타임스퀘어가 생기기 전과 후로 나뉜다고 생각하기 때문입니다. 2009년

9월, 타임스퀘어가 오픈하기 전까지 영등포에는 대형 종합쇼핑몰이 없었습니다. 2016년 9월, 스타필드 하남이 개장하기 전까지 타임스퀘어가 국내 최대 복합쇼핑몰이었으니 그 규모 또한 상당합니다. 이러한 타임스퀘어가 들어서면서, 영등포역 전체의 상권이 발달하게 되었고, 주변 아파트 집값 상승은 물론 도시경관 전반의 개선을 견인하게 되었습니다.

이러한 변화는 결국, 1950년대 헌병대와 육군 보급부대가 영등포역 앞에 자리 잡으면서 만들어진 집창촌과 쪽방촌의 철거라는 영등포구의 오랜 숙원을 해결하게 할 것입니다.

2. 지역 호재

1970년대 중반까지만 해도 서울 한강 이남이라 하면, 지금의 강남이 아닌 영등포구를 의미했다고 합니다. 그러나 쪽방촌과 집창촌 등 낙후된 이미지, 오래된 영등포 역사로 인하여 영등포는 지역의 입지에 비해 항상 낮은 평가를 받아왔던 것이 사실입니다.

그러나 영등포뉴타운과 신길뉴타운의 성공적인 안착이 진행되고 있고, '2030 서울플랜'에 따라 강남, 광화문과 함께 서울 3대 도심으로 선정되면서 영등포는 환골탈태를 준비하고 있습니다. 또한, 이제는 신안산선의 개통까지 앞두고 있습니다. 신안산선은 경기도 안산·시흥~서울 여의도의 44.7km를 잇는 복선전철로, 2024년 말 개통 예정입니다.

신안산선 개통 시 안산 한양대역에서 여의도역까지 이동 시간이 기존 100분에서 25분으로 줄어들고, 원시역에서 여의도역까지 이동 시간은 69분에서 36분으로 줄어드는 등 기존 대비 약 50~75% 이상 대폭 단축되므로, 해당 지역에서 서울까지의 접근성을 획기적으로 개선했다고 볼 수 있습니다.

신안산선은 안산시, 시흥시, 광명시, 금천구, 영등포구를 지나는데, 그중에서도 여의도, 영등포, 도림사거리, 신풍, 대림삼거리 총 5개의 역이 생기는 영등포구는 신안산선 개통 지역 중에서 지난 2년간 아파트값이 가장 많이 오른 지역입니다. 따라서 아직 개통까지 최소 3년 이상의 시간이 남았음에도 영등포구 아파트값의 변화를 끌어낸 신안산선의 영향력은 개통 이후에도 상당히 지속될 것으로 보입니다.

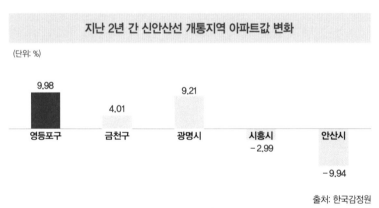

지난 2년 간 신안산선 개통지역 아파트값 변화

(단위: %)

9.98 영등포구
4.01 금천구
9.21 광명시
-2.99 시흥시
-9.94 안산시

출처: 한국감정원

2017년 8월 ~ 2019년 8월 조사 기준

단순히 신안산선이 지나가는 것만으로 영등포구의 아파트값이 오른 것은 아닙니다. 신안산선과 더불어 영등포구의 두 번째 호재는 바로 신길뉴타운입니다. 신길뉴타운은 영등포구 신길동 일대에 추진되고 있는 뉴타운 재개발 사업으로, 서울 뉴타운 중에서는 장위뉴타운 다음으로 큰 지역입니다.

총 1구역부터 16구역까지 있었으나 현재는 3·5·7·8·9·10·11·12·13·14구역만 계획대로 진행되고 있으며, 그 외 구역은 해제되었습니다. 지역적으로 보면, 가마산로를 기준으로 북쪽은 3구역을 제외하고 모두 해제되었고, 남쪽의 경우에만 정상적으로 진행되었습니다.

낡은 빌라와 노후 주택이 밀집했던 동네가 34평 기준 최소 13억 이상의 대단지 아파트로 바뀌고 있는 신길뉴타운은 신안산선 개통과 동시에 영등포구의 대장 아파트가 될 것입니다. 신축이 오르면 근처의 구축도 따라 오르는 갭 메우기 현상은 신길뉴타운에서도 예외가 아니어서, 이미 신길뉴타운과 가까운 소단지 구축들 또한 가격 상승이 확연히 나타나고 있습니다. 결국 신길뉴타운 전체가 입주하고 나면, 신길동과 신안산선 개통 지역 위주로 추가적인 아파트 가격 상승이 이뤄질 것으로 보입니다.

3. 추천 아파트

영등포구에서 추천할 아파트 3곳은 모두 입주 10년 이내 신축 또는 준신축으로, 신안산선의 영향을 직접적으로 받는 곳들입니다. 바로 신안산선 도림사거리역 역세권인 신길센트럴아이파크, 신안산선 영등포역·도림사거리역 역세권인 영등포아트자이, 신안산선 대림삼거리역 역세권 보라매신동아파밀리에입니다. 세 아파트 모두 지적에 초등학교를 품은 초품아여서, 특히 초등학교에 다녀야 할 아이가 있는 경우 강력 추천합니다.

① 신길센트럴아이파크

영등포의 첫 번째 추천 아파트는 영등포의 환골탈태를 이끄는 신길뉴타운에서도 초·중·고등학교를 모두 품어 주목받는 신길센트럴아이파크입니다. 2020년에 보라매SK뷰(1월), 신길센트럴자이(2월), 힐스테이트클래시안(10월), 신길파크자이(12월)가 모두

출처: 네이버지도 (https://map.naver.com/)

주소	서울시 영등포구 가마산로 426	인근 지하철	7호선 신풍역, 신안산선 도림사거리역(예정)
사용승인일	2019년 2월	역과의 거리	도보 4~8분
난방방식	개별난방, 도시가스	용적률/건폐율	255% / 21%
총 세대수	612세대	병원	명지성모병원, 한림대학교 강남성심병원, 대림성모병원
배정학교	대영초/대영중/대영고	편의시설	이마트, 롯데백화점
평당가격	4,010만 원 (14억, 34평 중층)		

입주하여, 신길뉴타운 신축은 하나의 대단지를 이루게 되었습니다.

신길센트럴아이파크는 신안산선 도림사거리역(예정)과 가장 가까운 신길뉴타운 신축으로, 향후 신길뉴타운 전체 아파트 인프라를 누리면서 신안산선 호재까지 그대로 흡수할 수 있는 아파트입니다. 2020년 11월 기준으로 34평이 14억에 나왔으며, 신길뉴타운에서 2020년에 입주한 다른 아파트가 15억 이상부터 매물이 나온 것으로 볼 때, 신길뉴타운에서도 가장 가성비가 좋은 아파트라고 할 수 있습니다.

신길센트럴아이파크의 큰 특징은 신길뉴타운에서 보기 드물게 완전한 평지에 있는 신축이라는 것입니다. 동간 거리가 멀어 살기 좋고, 내부 구조 또한 잘 나왔습니다. 초·중·고등학교가 모두 단지 바로 앞이라 아이 키우기 좋은 환경이고 동시에 고층에서는 뷰가 좋아서 관악산까지 보입니다.

신길뉴타운의 다른 단지와 비교하면 조경이 다소 아쉽다는 거주자들의 의견이 있습니다. 대로변에 있는 아파트라서 자동차 소음도 있는 편입니다. 대영초, 중, 고등학교가 아직은 학군이 좋은 편은 아니지만 향후 발전 가능성이 있을 것입니다.

② 영등포아트자이

영등포역, 신도림역 사이에 있어 두 역을 모두 도보 12분 내외로 갈 수 있는 준신축 아파트입니다. 사통팔달 영등포역과 가까우면서 바로 길 건너에 영등포초등학교(통학 시 육교를 건너야 하는 것은 단점입니다)까지 있습니다. 앞으로 신안산선 개통 시 도보 6분 이내로 신안산선을 이용할 수 있어 교통 여건의 개선이 기대됩니다.

16%의 건폐율에서 알 수 있듯이 동간 거리가 넓어서 답답하지 않고, 녹지 비율이 높으며 조경이 잘 되어 있습니다. 아파트 단지 안으로 차량 통행이 금지되어 있어 안전합니다. 준신축 아파트

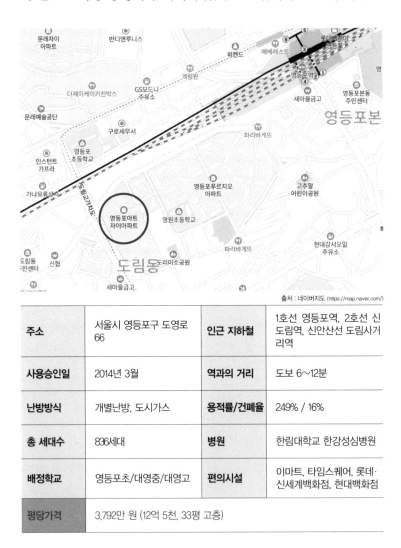

출처 : 네이버지도 (https://map.naver.com/)

주소	서울시 영등포구 도영로 66	인근 지하철	1호선 영등포역, 2호선 신도림역, 신안산선 도림사거리역
사용승인일	2014년 3월	역과의 거리	도보 6~12분
난방방식	개별난방, 도시가스	용적률/건폐율	249% / 16%
총 세대수	836세대	병원	한림대학교 한강성심병원
배정학교	영등포초/대영중/대영고	편의시설	이마트, 타임스퀘어, 롯데·신세계백화점, 현대백화점
평당가격	3,792만 원 (12억 5천, 33평 고층)		

로 층간소음이 없도록 튼튼하게 설계된 것이 장점입니다. 타임스퀘어, 이마트·홈플러스, 롯데·현대·신세계백화점이 매우 가까워, 대형마트와 백화점을 도보로 편리하게 이용할 수 있습니다.

아직 영등포에 학군이라는 것이 형성되지 않아 중·고등학교 교육 여건은 다소 아쉽습니다. 또한 일부 세대에서 영등포역 지상철 소음이 존재한다는 점도 염두에 두어야 합니다.

③ 보라매신동아파밀리에

보라매신동아파밀리에는 신대림2차신동아파밀리에라는 예전 이름에서 바뀐 이름입니다. 아파트 맞은편에는 2020년 7월 입주한 e편한세상영등포아델포레가 있으며, 단지 바로 앞에 신대림초등학교와 대림중학교가 있습니다. e편한세상영등포아델포레가 입주하면서 꾸준히 가격을 따라가고 있습니다. 향후 신안산선이 예정대로 2024년에 개통하게 되면, 신안산선 대림삼거리역과 도보 5분 이내의 역세권 아파트가 됩니다.

보라매신동아파밀리에는 이처럼 교통 편의성 개선(지하철 개통), 초품아, 인근 새 아파트 입주 등의 호재 덕분에 2024년과 그 이후에도 꾸준한 상승이 기대되는 영등포구의 대표적인 아파트입니다. 2020년 11월 기준으로 33평 저층이 10억에 가격이 형성되었는데 향후 신안산선 역세권으로 바뀔 경우, 2억 이상의 추가적인 가격 상승이 예상됩니다. 무엇보다 서울 신축 아파트 중에서 33평이 10억대인 곳은 가격만으로도 매우 희소한 편입니다.

중층 이상이면 뷰가 막힘이 없고 남향 위주로 지어서 일조량이 우수합니다. 구조가 넓게 잘 나온 편이어서 실거주 만족도가 높습니다. 분리수거 요일 제한이 없어 편리하고 주차장이 늘 여유 있습니다.

한림대학교강남성심병원이 가까워서 좋지만 그만큼 사이렌

출처 : 네이버지도 (https://map.naver.com/)

주소	서울시 영등포구 디지털로 420	인근 지하철	2·7호선 대림역, 신안산선 대림삼거리역(예정)
사용승인일	2016년 7월	역과의 거리	도보 5~12분
난방방식	개별난방, 도시가스	용적률/건폐율	241% / 20%
총 세대수	247세대	병원	한림대학교강남성심병원, 대림성모병원
배정학교	신대림초/대림중/영신고	편의시설	이마트, 롯데백화점
평당가격	2,974만 원 (10억, 33평 2층)		

소리가 가깝게 들립니다. 새 아파트임에도 커뮤니티 시설이 없어서 불편한 지점도 있지만, 다른 신축에 비하면 관리비는 적게 나오는 편입니다.

전통 학군지와 신흥 학원가의 만남

황금 입지 4는 평 단가 기준으로 3,500만 원 초과 4,000만 원 이하인 광진구, 성동구, 마포구, 양천구의 아파트를 소개합니다. 광진구는 광남초·중·고의 학군 덕분에 강북의 다른 곳 신축보다 높은 시세를 유지하고 있습니다. 트리마제, 왕십리뉴타운의 신축이 유명한 성동구는 교통이 편리하고 주변 환경도 쾌적합니다. 마포에는 교통 요지이자 주요 기업이 밀집한 공덕과 DMC가 있어 직주 근접에 적합합니다. 양천구에는 주변에 유해 환경이 없고 아이 키우기 좋은 목동·신정동이 있습니다. 신정뉴타운이 생기면서 양천구에 부족했던 신축 공급이 조금씩 이뤄지고 있습니다.

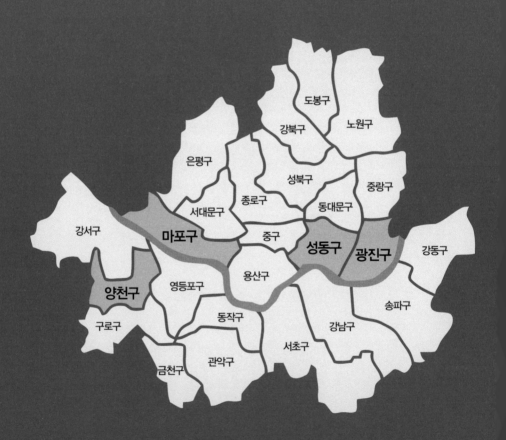

광진구 · 성동구 · 마포구 · 양천구

광진구	눈여겨볼 아파트	지역 호재
	• 강변SK뷰 • 광장삼성 2차 • 자양동 우성 1차아파트	• 구의역 일대 근린재생 • 중심시가지형 도시재생활성화사업 • 구의 · 자양재정비촉진지구

성동구	눈여겨볼 아파트	지역 호재
	• 금호자이 1차 • 응봉대림 1차 • 한신무학	• 성수전략정비구역 • 경전철 동북선

마포구	눈여겨볼 아파트	지역 호재
	• 마포웨스트리버태영데시앙 • 마포삼성아파트 • 성산e편한세상 2차	• 성산시영아파트 재건축 추진 • 경전철 서부선

양천구	눈여겨볼 아파트	지역 호재
	• 래미안목동아델리체 • 목동금호 1차 • 진도 1차	• 경전철 목동선 • 신정뉴타운의 완성

광진구

1. 변하지 않는 한강변의 가치, 그 이상을 꿈꾸는 지역

초등학교를 품은 아파트라는 뜻의 '초품아', 역에서 가깝다는 뜻의 '역세권'이라는 용어는 아파트의 장점을 설명할 때 흔히 쓰이는 말입니다. 2019년 1월, 집에서 서울어린이대공원의 코끼리를 볼 수 있다는 뜻의 '코세권'이라는 장난 같은 말로 언급되던 아파트가 있습니다. 바로 9억이 넘는 분양가로 대출이 불가하고 주변 시세 대비 높은 분양가로 일반분양 730세대 중에서 무려 685세대가 미분양되었던 'e편한세상 광진 그랜드파크'(730세대, 2022년 1월 입주)입니다.

e편한세상 광진 그랜드파크의 전용 84m² 분양가는 9억 9,900만~12억 4,000만 원, 전용 115m²는 13억 1,200만~15억 5,600만 원으로 주변의 '래미안파크스위트' 시세와 비슷한 수준이

었습니다. 처음에는 계약금이 20%였으나 미분양 이후 계약금을 10%로 조정하고, 9억이 넘는 분양가로 대출이 안 나오던 중도금도 시행사 연대보증으로 대출이 가능하게끔 바뀌었습니다. 그 뒤로 몇 개월에 걸쳐서 결국 모든 세대의 분양이 완료되었으나 대규모 미분양 아파트라는 이슈로 이후에도 많은 사람들의 관심을 받았습니다.

사실, e편한세상 광진 그랜드파크는 7호선 어린이대공원역과 가깝고 강변북로, 올림픽도로 등 서울 주요 도로에 대한 접근성도 좋습니다. 동물원, 상상나라, 키즈오토파크 등 관련 시설을 모두 도보로 이용할 수 있고 단지 남측에는 구의초등학교와 구의중학교가, 근거리에 건대부속고등학교가 있어서 아이들 키우기 좋은 아파트로 분양가만 괜찮았다면 충분히 청약 1순위에서 마감되었을 입지였습니다.

큰 기대하지 않고 청약 접수를 했다가 막상 당첨되고 보니 중도금 대출이 불가하여 포기한 많은 사람 중에는 저도 포함됩니다. 당시만 해도 분양가 이상으로는 올라갈 수 없을 것 같았던 e편한세상 광진 그랜드파크의 가격은 2021년 1월 이미 주변 시세(2018년 입주한 래미안파크스위트 33평 15억) 대비 4억 정도 저렴한 가격이 되어버렸습니다. 1년 뒤인 2022년에 실제로 입주 시 얼마나 더 오를지 기대가 되면서도 개인적으로 속이 쓰린 아파트입니다.

비록 청약 당첨 이후 계약은 하지 않았으나, e편한세상 광진 그랜드파크는 광진구의 저력을 깨닫게 해준 곳입니다. 서울 동북상권에서 홍대와 나란히 젊은 층의 수요를 흡수하는 건대 상권, 동북권 아이들의 최고 놀이터 서울어린이대공원은 물론, 시외버스 노선으로는 서울 최대 규모의 동서울터미널과 CGV 1호점이 있는 강변 테크노마트까지 있는 광진구는, 단순히 한강변에 인접한 주거지의 가치를 넘어 동북권 생활의 중심지 역할을 하고 있습니다.

2. 지역 호재

광진구 구의역 일대는 동부지법이 2017년 3월 송파구 문정동으로 이전하면서부터 관련 업종 사업체가 이탈하고 상권이 쇠락하는 길을 걸었습니다. 이에 따라 분야별 전문가, 지역상인 등의 의견 수렴을 통해 '근린재생 중심시가지형 도시재생활성화지역'으로 선정되었습니다.

앞으로 5년간 200억 원의 사업비가 투입되어 구의역 일대의 특화된 산업과 상업을 활용한 지역 경제 활성화 방안이 추진될 예정입니다. 광진구는 구의역 일대에 5G 사업과 연계한 테스트베드를 조성하고 스타트업 기업의 유치를 추진할 계획입니다. 아울러, 이곳에 중소 규모의 핵심 자족시설을 조성하여 청년 일자리를 창출하고, 주거환경 개선 등을 통한 지역상권 활성화 및 도시재생을 계획하고 있습니다.

광진구의 대표적인 재정비구역인 구의 · 자양재정비촉진구역은 구의동 246번지(자양로18길52), 자양동 680번지(자양로94) 일대 총 38만여m²를 개발하는 곳입니다. 동부지방법원 부지와 KT 부지 등을 포함하여 개발 계획이 있으며, 촉진구역 내 첨단업무복합단지에는 2023년까지 31층 규모의 업무빌딩과 34층 규모의 호텔, 1,363세대의 아파트, 대규모 문화공원 등이 조성됩니다. 구청과 구의회, 보건소 등을 통합한 25층 규모의 광진구 통합청사까지 건립되면 구의·자양재정비촉진구역은 광진구의 대표적인 복합타운으로 완성될 예정입니다.

구의·자양재정비촉진지구 내 첨단업무복합단지 개발과 구의역 도시재생활성화 사업이 예정대로 진행된다면, 구의역 일대가 정비되고 침체된 지역 상권을 개선하는 효과가 있을 것입니다.

이밖에도 광진구에서 가장 큰 개발사업 중 하나인 동서울터미널 현대화 개발사업이 추진되고 있습니다. 동서울터미널은 구의동 546-1, 546-10 일대 3만 6,704m² 면적으로, 계획에 따르면 이곳에 45층의 초고층 오피스를 짓고 터미널을 지하화할 계획이 검토 중에 있으나, 30년 넘게 동서울터미널에서 영업해온 상인들과의 이해관계를 원만히 해결해야 할 숙제가 아직 남아 있습니다.

3. 추천 아파트

광진구에서는 구의역과 강변역 더블 역세권의 신축 주상복합 강변SK뷰와 광나루역 역세권의 32년차 아파트 광장삼성 2차, 그리고 앞으로 수평 및 별동 증축 리모델링을 통해 새 아파트로 거듭날 자양동 우성 1차 아파트를 추천합니다.

① 강변SK뷰

구의·자양재정비촉진지구의 발전 가능성은 이미 소개한 바 있습니다. 2017년 입주한 강변SK뷰 아파트는 구의 3구역이 개발된 곳으로서 향후 구의·자양재정비촉진지구의 완성에 따라 그 가치가 더욱 상승할 것으로 예상되는 곳입니다. 지상철이 바로 앞에 있어 소음에서 자유롭지 못한 것은 사실이나 그 외 주상복합임에도 우수한 4베이 설계로 아파트 못지않게 구조가 좋습니다.

고층에서는 앞으로는 한강, 뒤로는 아차산 뷰가 가능하며 2호

출처 : 네이버지도 (https://map.naver.com/)

주소	서울시 광진구 아차산로 431	인근 지하철	2호선 구의역·강변역
사용승인일	2017년 7월	역과의 거리	도보 3~8분
난방방식	개별난방, 도시가스	용적률/건폐율	396% / 52%
총 세대수	197세대	병원	혜민병원, 건국대학교병원, 서울아산병원
배정학교	구남초/광진중/건대부속고	편의시설	롯데마트, 엔터식스, 이마트, 롯데백화점
평당가격	4,025만 원 (13억 5천, 33평 고층)		

선 이용이 도보로 가능한 역이 두 곳이나 있고 공립 구남초등학교가 횡단보도만 건너면 바로 길 건너 맞은편에 위치하고 있습니다. 교통이 편리하고 초등학교가 가까운 서울의 신축은 언제나 그 가치를 인정받는다는 점을 생각해볼 필요가 있습니다.

근방에서 동부지방법원과 KT광진지사 등 재건축 사업이 진행되고 있어서 주변 지역의 상권과 주거환경이 점차 개선되고 있습니다. 지하에 24시간 운영하는 대형마트가 있어서 장보기도 편리합니다. 키즈카페와 영어 유치원이 인접한 점은 영유아가 있는 가정에 큰 장점으로 작용합니다.

다만, 단지 내에 놀이터가 없고 창문을 열면 확실히 지하철 소음이 있다는 점은 아쉽습니다. 상가 오피스텔 쪽은 아직 주차 관리가 더 필요해 보입니다.

② 광장삼성 2차

광장삼성 2차에서는 광장동의 최대 장점인 우수한 광남 학군을 그대로 이용할 수 있습니다. 단지 바로 맞은편에 광남초·중·고등학교가 있으며 5호선 광나루역 또한 가깝습니다. 1989년 입주한 아파트로 오래된 연식이 최대 단점이나, 그만큼 향후 새 아파트로 바뀔 가능성도 높다고 볼 때, 우수한 학군과 편리한 교통 인프라를 그대로 누리면서 향후의 투자 가치 또한 밝은 곳으로 기대되는 아파트입니다.

학교 근처라서 주변에 유해 시설이 없고 조용하여 아이들 키우기 최고의 아파트입니다. 주변의 다양한 아파트 단지에 같은 학교를 다니는 친구들이 많다 보니 아이들이 정서적으로 안정감 있게 자랄 수 있는 여건이 형성되어 있습니다.

다만 오래된 아파트라서 주차가 상당히 어렵습니다. 이중, 삼중 주차가 기본이라서, 차를 아끼는 사람이라면 살기 힘들 수 있습니다. 다행히 아파트 맞은편 학교 앞 도로 등에 주차가 가능하긴

출처 : 네이버지도 (https://map.naver.com/)

주소	서울시 광진구 아차산로 544	인근 지하철	5호선 광나루역, 2호선 강변역
사용승인일	1989년 2월	역과의 거리	도보 4~15분
난방방식	개별난방, 도시가스	용적률/건폐율	249% / 19%
총 세대수	195세대	병원	혜민병원, 서울아산병원
배정학교	광남초/광남중/광남고	편의시설	롯데마트, 엔터식스, 현대백화점
평당가격	4,331만 원 (13억 5천, 31평 저층)		

합니다. 오래된 연식으로 인해 내부 수리를 제대로 해서 입주를 해야 사는 동안 불편하지 않습니다. 재건축 또는 리모델링이 빨리 추진된다면, 이러한 단점을 모두 상쇄하고 입지가 주는 가치만 남을 아파트입니다.

③ 우성 1차

지난 2020년 10월 24일 포스코건설이 리모델링 시공사로 선정되었습니다. 지금처럼 리모델링이 정상적으로 추진(가구당 분담금 1억~1억 5천 추정)된다면, 기존 656세대의 15%인 98세대를 일반분양하여 사업성을 높일 수 있는 곳입니다.

포스코건설은 우성 1차아파트를 754세대의 '더샵 엘리티아'로 완성할 계획이며 2027년 입주 예정입니다. 이렇듯 향후 새 아파트로 바뀌는 미래 가치가 있으며, 현재에도 2호선과 7호선 환승역인 건대입구역까지 도보 12분 소요되고 백화점, 대형마트, 종합병원, 대학 상권, 한강공원 등의 인프라를 누리는 장점이 있는 아파트입니다.

자녀를 오랫동안 한 곳에서 키울 수 있는 초·중·고등학교를 모두 품은 아파트이며, 지금은 비록 오래되었지만 향후 자양동에서 가장 새 아파트가 될 곳이기에 기대가 됩니다. 다만, 현재는 주차 가능 대수가 가구당 0.3대로 매우 부족한 편인 점은 감안해야 합니다.

지하철역이 도보로 다소 멀게 느껴질 수 있으나 스타시티 지하 통로를 이용하면 편리합니다. 자동차나 버스로 강남, 압구정, 잠실, 삼성 등 주요 입지로의 이동도 쉽습니다. 지은 지 오래되었어도 수리하고 입주하면 깨끗하고 자양동 아파트 중에서도 가격이 저렴해서 실거주에도 좋습니다. 옥외 페인트를 최근에 새로 칠했고, 배수관도 교체하는 등 전반적으로 관리가 잘 되는 편입니다.

출처 : 네이버지도 (https://map.naver.com/)

주소	서울시 광진구 뚝섬로 569	인근 지하철	2·7호선 건대입구역
사용승인일	1988년 9월	역과의 거리	도보 12분
난방방식	개별난방, 도시가스	용적률/건폐율	228% / 17%
총 세대수	656세대	병원	건국대학교병원
배정학교	동자초/자양중/자양고	편의시설	이마트, 롯데백화점, 롯데마트
평당가격	4,652만 원 (13억 5천, 29평 고층)		

성동구

1. 뉴욕 맨해튼 부럽지 않은, 숲과 한강을 모두 가진 곳

아이들이 어렸을 때, 저희 가족은 유모차로 산책하기 좋은 서울의 대형 공원들을 많이 다녔습니다. 올림픽공원, 어린이대공원과 함께 아이들과 추억을 쌓았던 서울숲에선 다양한 나무와 나비, 꽃들을 볼 수 있었습니다. 시간이 지나, 서울숲에 들어선 초고층 주상복합을 보면 천지개벽이라는 말은 이럴 때 쓰는구나 싶습니다.

갤러리아포레, 트리마제는 물론 2020년 11월 입주한 아크로서울포레스트까지 서울숲은 이미 최고급 주거단지로 변화하고 있습니다. 성수동의 초고층 주상복합에 많은 연예인과 재벌 2세 등이 거주하는 것은 해당 지역의 입지적 가치를 설명하는 단편적인 예라고 생각합니다.

지난 3월, 서울시는 서울숲 주차장 부지를 기존의 주차장 용도지역에서 준주거지역으로 상향해 주상복합 아파트 등을 지을 수 있도록 하여 민간에 매각하기로 발표한 바 있습니다. 서울시가 이러한 주차장 부지를 괜히 매각하는 것은 아닙니다. 이 알짜 부지를 매각하여 발생한 자금으로 서울숲과 중랑천 사이에 있는 삼표레미콘 공장 부지를 매수하고, 서울숲 규모를 현재의 43만m²에서 61만m² 규모로 확대할 예정입니다. 아울러, 서울시는 2022년 6월까지 삼표레미콘 공장의 이전과 철거를 완료하고 2024년까지 해당 공간을 수변문화공간으로 조성할 계획입니다.

주민에게 쾌적한 생활환경을 제공하는 서울숲이 더 넓어지고 이미 있던 초고층 주상복합이 더 생겨난다면, 이 일대가 앞으로도 계속 발전할 수밖에 없음은 분명할 것입니다. 짐작이지만, 앞으로 성수동은 강북에서 연예인이 가장 많이 거주하는 동네가 될 것 같습니다.

2. 지역 호재

한강변 유일한 50층 아파트의 꿈은 과연 현실로 이뤄질 수 있을까요. 성동구의 성수전략정비구역은 이제 시작하고 있습니다. 성수전략정비구역은 지난 2009년 서울시의 한강변 재개발 프로젝트인 '한강 르네상스' 구상 아래 총 4개 지구로 나눠 재개발 하기로 결정된 곳입니다. 2011년 정비구역으로 지정됐으며, 50층 재개발이 가능하게 지정된 곳입니다. 사업 구역은 1지구(19만 4,398m²), 2지구(13만 1,980m²), 3지구(11만 4,193m²), 4지구(8만 9,828m²) 등 4개 지구로 8,249가구가 공급 예정이며, 지난 3월 2지구까지 조합설립인가를 받아 본격적인 시작을 하고 있습니다. 성수전략정비구역이 빠르게 진행될지는 아직 확실하지 않습니다. 1지구는 서울시 건축심의안 반려 후 지연되고 있고, 3지구는 건축심의단계로 2020년 10월 17일 정기총회가 순조롭게 완료되었습니다. 4지구는 2018년 3월 건축심의안 보완 요구 뒤 지연되고 있습니다.

정비구역 지정 이후 약 10년간 답보 상태였던 성수전략정비구역의 빠른 추진을 위해 서울시는 2019년 6월 성동구청장과 각 조합장, 서울시 관계자가 참여하는 성수전략정비구역 TF를 출범했습니다. 서울시 관계자에 의하면 기존의 성수전략정비구역 4개 지구 통합개발이란 전제로 만들어진 마스터플랜을 각 지구별 기반시설 설치가 가능하도록 수정해 발표할 계획이라고 합니다.

변경되는 마스터플랜에서 여전히 한강변 50층 건립계획이 종전대로 추진될지 아직 알 수 없으나, 성수동은 재건축 아파트 층수를 35층으로 제한한 '2030 서울플랜'이 나오기 전에 이미 지정된 곳이므로 기존 50층의 층수 제한을 변경하는 것은 힘들 것으로 보입니다. 한강변의 50층 초고층 재개발이라는 비교할 수 없는 가치를 가진 이곳이 앞으로 성동구는 물론 서울을 대표하는 한강변 명품 주거단지로 거듭나길 기대해봅니다.

성동구의 왕십리역은 현재 5호선, 2호선, 경의중앙선, 분당선이 지나가는 강북 교통의 중심지 역할을 하고 있습니다. 2025년 개통 예정인 동북선은 이러한 왕십리역에서 상계역까지 총 16개역 약 13km 구간을 지나가는 노선입니다. 동북선의 총 투자비는 1조

경전철 동북선 노선도

동북선 경전철(12.3km)

상계역
노원구청
은행사거리역
노원구
도봉구
월계역
하계역
강북구
미아사거리역
성북구
고려대역
중랑천
제기동역
동대문구
왕십리역
성동구

5,936억 원이며 주간사인 현대엔지니어링은 공사의 원활한 추진을 위해 4개 공구를 나눠 금호산업, 호반산업, 코오롱글로벌, 대명건설 등과 동시 건설을 진행합니다. 2007년 발표된 서울시 10개년 도시철도 기본계획 중 하나였던 동북선은 2017년 완공이 목표였으나 협상지연, 협상대상자 변경 등으로 착공이 10년이나 지연된 바 있습니다. 다행히도 동북선은 사업 시행자인 동북선도시철도(주)가 사업 착수계를 2020년 2월 14일 제출하여 드디어 착공

이 시작되었습니다. 사실, 동북선은 노선의 수혜지인 도봉구나 노원구의 호재로 볼 수 있습니다.

실제로 중계동 은행사거리 인근 '청구 3차' 전용면적 84m²는 2020년 1년간 연초 대비 3억가량 오른 12억에 거래가 되었으며, 하계역 근처 '하계청구 1차' 전용면적 84m²도 1년 새 2억 정도가 올라 8억 8,500만 원에 거래가 되었습니다. 하지만, 동북선 개통 시 무려 5개 노선의 환승지가 되는 왕십리역이 위치한 성동구 또한 이러한 동북선의 영향으로 유동 인구 증가 및 인프라 개선 등이 예상되며 주변 아파트값의 상승에도 영향을 미칠 것입니다.

3. 추천 아파트

성동구에서 추천할 아파트 3곳은 성동구 교통의 중심 왕십리역에서 한 정거장인 상왕십리역 역세권이면서 무학초등학교를 품은 한신무학아파트, 5호선 신금호역 신축 4인방 중 금호초등학교가 가장 가까운 금호자이 1차, 많은 대형 평수 세대에서 한강 뷰가 가능한 응봉대림 1차입니다.

① 금호자이 1차

신금호파크자이, e편한세상금호파크힐스, 래미안하이리버, 금호자이 1차는 신금호역 신축 4인방으로 불리고 있습니다. 각 단지마다 장단점이 있으나 그중에서도 신금호역까지 평지로 이용 가능하면서 금호초등학교를 가깝게 이용할 수 있는 곳은 금호자이 1차 아파트입니다.

다른 신축에 비하면 세대수가 적은 편이지만 주변 대단지와 함께 늘 비슷한 시세를 유지하고 있고, 초등학교 근처의 아파트에서 전세가 하락 방어가 잘 되는 점을 볼 때, 그만큼 안정적으로 꾸준히 자산 가치를 지킬 수 있는 아파트입니다.

어린이집(정원 대비 입주민이 배정받기 수월합니다), 소아과(주말

출처 : 네이버지도 (https://map.naver.com/)

주소	서울시 성동구 금호로 117	인근 지하철	5호선 신금호역
사용승인일	2012년 5월	역과의 거리	도보 3분
난방방식	개별난방, 도시가스	용적률/건폐율	239% / 23%
총 세대수	401세대	병원	한양대학교병원, 제일병원
배정학교	금호초/무학중/금호고	편의시설	롯데마트, 엔터식스, 이마트
평당가격	4,147만 원 (14억, 33평 14층)		

에도 열어서 응급실 갈 필요가 없습니다)가 단지 내 상가에 있고 단지 내 차가 다니지 않아서 안전합니다. 언덕에 있으나 평탄화가 이뤄져서 주민 전용 출입구에서 신금호역까지는 평지로 도보 3분 이내로 충분히 이용 가능합니다. 분양 당시 조합원 비율이 높았기 때문에 대부분의 세대에 빌트인 풀옵션이 완비된 상황이고, 내장재 마감도 훌륭합니다. 성동구에서도 준신축 아파트가 밀집한 이곳은 소득 수준이 높고 집 근처에 주민센터와 스포츠센터가 있어서 다양한 문화생활을 누리기에 좋습니다.

단지가 언덕 위에 있는 만큼, 고층에서는 시티 뷰, 한강 뷰, 남산타워 뷰를 골고루 누릴 수 있고, 저층도 필로티로 인해서 높이가 상당해 햇볕이 잘 듭니다. 압구정까지 자차로 10분이면 갈 수 있고 지하철역이 가까워서 교통이 편리하지만, 금난시장 쪽은 아직 구획정리가 안 된 것은 단점입니다. 현재 신금호역 주변에서 '금호로 확장'이 진행 중이므로 공사가 완료되면 주변 교통은 더욱 개선될 것입니다.

② 응봉대림 1차

응봉초등학교와 광희중학교가 단지 바로 앞에 있으며 응봉역은 물론 동북권 교통의 중심인 왕십리역까지도 한 정거장 거리로 이용 가능한 위치입니다. 대부분의 세대가 남향에 가리는 것이 없어서 전망(일부 세대에서 한강이 보입니다)이 좋고 대형 평수가 많아 세대당 대지지분이 높으며 조용한 단지입니다.

응봉산 산책이 용이하며, 서울숲도 도보로 가능한 위치라서 아이들을 키운 이후에도 거주하기 편리합니다. 현재 재건축의 초기 단계인 예비안전진단(정밀안전진단 신청을 위한 사전단계)을 통과했으며, 조합설립인가를 위한 추진위원회가 열심히 활동 중인 곳입니다. 초등학교와 중학교가 가깝고 역세권이면서 중랑천·한강·응봉산 뷰가 나오는 신축으로, 향후 주변 환경이 더 나아질 가

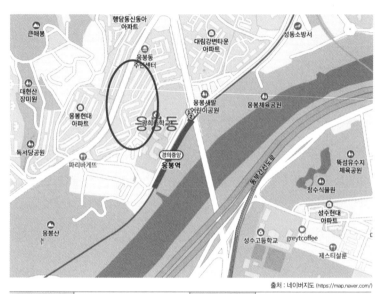

출처 : 네이버지도 (https://map.naver.com/)

주소	서울시 성동구 독서당로62길 43	인근 지하철	경의중앙선 응봉역
사용승인일	1986년 10월	역과의 거리	도보 5분
난방방식	중앙난방, 도시가스	용적률/건폐율	208% / 정보 없음
총 세대수	855세대	병원	한양대학교병원
배정학교	응봉초/광희중/무학여고·성수고	편의시설	롯데마트, 이마트, 엔터식스
평당가격	4,009만 원 (12억 5천, 31평 5층)		

능성이 있으므로 미래 가치가 우수한 곳이라 할 수 있습니다.

대형마트가 가까워 편리하고, 응봉역 바로 앞의 자전거 토끼굴을 이용할 경우 반포대교까지 자전거 15분이면 가능해서 운동하기에도 좋습니다. 강남과 강북으로 향하는 다양한 버스 노선이 있어서 지하철이 아니어도 이동이 편리하고 자가운전 시 강변북로와 올림픽대로에 쉽게 진입할 수 있어 도심 접근성이 뛰어납니다.

아파트가 오래되어 주차 공간이 부족한 점은 단점으로, 저녁 8시 이후에는 이중 주차를 각오해야 합니다. 위층에서의 누수 문제 등도 입주 전에 확인하고 이사해야 합니다. 다만, 이런 점 때문에 재건축 추진이 그만큼 원활할 것이라 기대되며, 최근 엘리베이터 교체, 전체 배관 청소 등을 진행했습니다.

③ 한신무학

왕십리뉴타운의 텐즈힐 1, 텐즈힐 2, 센트라스 1, 2차의 평 단가가 4,471만 원에서 4,631만 원 사이에 형성된 것을 볼 때, 상왕십리역을 기준으로 맞은편에 위치한 한신무학의 현재 평단가 3,206만 원(중층 기준)은 인근의 새 아파트와 꾸준한 갭 메우기를 할 것으로 기대할 수 있습니다. 또한 향후 새 아파트로 재건축이 된다면 충분히 추가 상승 여력이 있습니다.

한신무학은 재건축을 진행 중인 아파트로, 안전진단을 신청한 상황입니다. 향후 안전진단을 무사히 통과해 새 아파트로 바뀌게 된다면, 왕십리뉴타운 신축 아파트의 가격을 뛰어넘을 것입니다. 2호선 상왕십리역에서 도보 3분 거리에 있는 도심이면서도 무학봉공원이 뒤에 있어 운동하기 좋고 고층에서의 전망도 좋습니다. 아침에는 새 소리를 들을 수 있고, 지하철 타기에도 편리한 아파트입니다.

주변이 조용하고 언덕은 있으나 지하철역에서 단지 앞까지 연결되는 엘리베이터로 한 번에 올라올 수 있습니다. 세대당 주차 대

출처 : 네이버지도 (https://map.naver.com/)

주소	서울시 성동구 왕십리로31나길 22	인근 지하철	2호선 상왕십리역
사용승인일	1989년 3월	역과의 거리	도보 3분
난방방식	개별난방, 도시가스	용적률/건폐율	242% / 정보 없음
총 세대수	480세대	병원	동부병원
배정학교	무학초/무학중/도선고	편의시설	롯데마트, 이마트, 엔터식스
평당가격	3,206만 원 (11억, 34평 중층)		

수가 1.4대로 넉넉하지만 때때로 저녁에는 아파트 내의 다른 단지에 세워야 하는 경우도 있습니다.

연식이 오래되었으나 수리하고 살면 괜찮습니다. 분리수거를 정문 앞에서만 해서 박스 등을 들고 한참 걸어가야 하는 건 아쉬운 점입니다.

마포구

1. 이제는 학군마저 생기고 있는 강북 최고의 직주 근접지

대학 졸업 후 양재역, 교대역, 강남역, 회기역, 성수역 근처에서 직장을 다녀봤지만, 한 자치구에서 10년 이상 일을 한 곳은 마포구밖에 없습니다. 덕분에 상암동의 발전과 공덕동 집값의 눈부신 변화를 바로 현장에서 지켜볼 수 있었고 당시에는 전세를 끼고서라도 살 수 있었으나 사지 않았던 그 집값이 오르면서 아쉬웠던 적도 참 많았습니다.

마포구에서는 상암동 DMC역 일대에 56만여m²(약 17만 2천 평) 규모로 조성된 첨단 정보·미디어 산업 위주의 회사들과 공덕동 공덕오거리를 중심으로 모인 대기업 및 금융 공기업 회사들이 집값을 올리는 역할을 하고 있습니다. 흔히 '마·용·성'이라고 부르는 마포·용산·성동의 집값 변화는 해당 지역에 이처럼 고소득

일자리가 꾸준히 증가한 것이 가장 큰 요인입니다.

사실, 그동안 마포구는 집값이 꾸준히 올랐음에도 불구하고 학군이 좋지 못한 곳으로 인식되어 왔습니다. 실제로 학군을 중요시하는 부모들은 마포구에서 초등학교까지는 보내더라도 자녀가 중학교에 가는 시점부터는 목동으로 이사하는 추세였습니다.

다만, 마포래미안푸르지오를 기점으로 아현동 · 북아현동 · 공덕동 일대에 꾸준히 신축이 들어서면서 상황이 바뀌고 있습니다. 대치동과 목동의 유명 입시 학원들이 2019년부터 마포구 대흥동과 염리동 일대에 분원을 개설하기 시작했으며, '양질의 학원가=학군'이라는 공식은 마포구에서도 결국 만들어질 것입니다.

마포구가 학군 때문에 굳이 떠나지 않아도 되는 진정한 주거지로서 입지를 갖춘다면, 광화문, 공덕, 여의도까지 직주 근접이 가능하고 한강변 인프라를 누릴 수 있다는 이점으로 인해 마포구는 앞으로 현재의 집값 수준을 뛰어넘을 것으로 예상됩니다.

2. 지역 호재

6호선 역세권, 디지털미디어시티 직주 근접, 평지의 장점에, 상암월드컵경기장과 한강공원을 도보로 이용 가능한 5천 세대의 새 아파트가 생긴다면, 어떤 일이 벌어질까요? 강북에서 이런 모든 조건을 갖춘 아파트가 재건축을 추진하고 있습니다. 바로 '성산시영아파트'입니다.

1986년 6월 입주한 성산시영아파트는 서울시 마포구 성산동에 위치하고 있으며 대우(주), 선경건설, 유원건설이 건설했습니다. 3,710세대(총 33개동)라는 규모 덕분에 디지털미디어시티역, 월드컵경기장역, 마포구청역을 모두 각각의 단지에서 도보로 이용이 가능한 진정한 의미의 트리플 역세권 아파트이며, 한강공원과 하늘공원을 아파트 단독 조경처럼 편리하게 이용할 수 있습니다.

올해로 입주 35년차인 성산시영아파트는 지난 2020년 5월 8일 2차 안전진단 적정성 검토를 통과하면서 재건축 추진이 최종 확정됐습니다. 마포구에서 공덕동 일대에는 이미 신축 아파트 공급이 활발히 이뤄지고 있는 반면에, 상암동 DMC 근처에는 가재울 뉴타운과 수색증산뉴타운을 제외하면 민영 아파트 공급 계획이 없는 상황입니다.

따라서 성산시영아파트의 재건축이 완료된다면, DMC를 도보로 이용 가능한 가장 입지 좋은 곳에 새 아파트 5천 세대가 들어서게 됩니다. 성산시영아파트 재건축은 향후 성산동 주변의 인프라 개선을 불러옴과 동시에, 대단지 신축 입주를 통한 근처 아파트의 시세 갭 메우기를 진행할 마포구의 대표적인 호재입니다.

경전철 서부선(관악구 편 참조)은 동작구와 관악구의 대표적인 호재로 2028년 개통을 목표로 하고 있으며, 마포구에도 영향을 미칩니다. 현재 지하철 5호선을 통해 마포역에서 여의나루역으로 이어지는 것처럼, 향후 서부선이 개통되면 광흥창역에서 여의도로 한 번에 갈 수 있습니다. 강남, 여의도, 광화문의 직주 근접이 가능한 곳은 비교적 수요가 탄탄해 집값의 상승 여력이 늘 존재합니다.

따라서 2028년에 예정대로 서부선이 완공된다면 마포구의 광흥창역 일대는 지금의 공덕역 일대 새 아파트처럼 높은 시세 상승을 견인할 것입니다.

아울러, 지하철 5·6호선, 경의중앙선, 공항철도가 모두 이용 가능한 공덕역은 이미 '쿼드러플' 역세권입니다. 강북에서 왕십리, 청량리처럼 교통이 편리한 공덕역은 앞으로도 계속해서 높은 가치를 유지하는 곳이 될 것입니다.

3. 추천 아파트

마포구에서 추천할 아파트는 DMC 직장인들의 직주 근접이 가능한 성산동의 성산e편한세상 2차 아파트, 공덕역의 직장인은 물론 향후 여의도 직장인의 직주 근접 지역으로 거듭날 창전동의 마포웨스트리버태영데시앙, 쿼드러플 역세권으로 여의도, 공덕, 광화문까지도 직주 근접이 가능한 마포삼성아파트입니다.

① 마포웨스트리버태영데시앙

마포구에서 첫 번째로 추천하는 아파트는 앞으로 제2의 공덕역으로 거듭날 광흥창역 인근에 있습니다. 바로 입주 3년차 신축 마포웨스트리버태영데시앙(276세대, 2019년 2월 입주)입니다.

맞은편 신촌숲아이파크(1,015세대, 2019년 8월 입주)가 대단지와 브랜드 가치에 따라 해당 지역에서 대장 역할을 하고 있지만, 도로 하나를 두고 마주보고 있는 격의 마포웨스트리버태영데시앙이 약 2억~2.5억 정도 시세가 저렴한 것은 그만큼 아직 시세 반영이 안 된 것으로 볼 수 있습니다.

2028년 경전철 서부선이 개통되면, 여의도까지 편리하게 이동 가능한 광흥창역의 신축은 더욱 가치가 올라갈 것입니다. 서강초등학교까지 도보로 이동이 가능하고 근처 대흥역의 학원가 이용이 편리한 점 또한 향후에 큰 장점이 될 것입니다.

출처 : 네이버지도 (https://map.naver.com/)

주소	서울시 마포구 서강로3길 32	인근 지하철	6호선 광흥창, 의의중앙선 서강대역
사용승인일	2019년 5월	역과의 거리	도보 3~7분
난방방식	개별난방, 도시가스	용적률/건폐율	237% / 19%
총 세대수	276세대	병원	세브란스병원
배정학교	서강초/신수중/광성고	편의시설	농협하나로마트, 현대백화점, 홈플러스
평당가격	4,524만 원 (15억 3천, 33평 중층)		

마포웨스트리버태영데시앙은 6호선과 경의중앙선을 도보로 이용 가능합니다. 서강대교와 강변북로 이용이 편리해 자동차로 출퇴근하기에도 좋습니다. 내부 마감재가 고급스럽고 신축임에도 주변의 10년 이상된 아파트와 비교해도 가격이 크게 높지 않아 아직 가격 메리트가 있습니다.

단지 주변의 환경을 살펴보면, 아파트 단지 뒤로 와우산 산책로와 공원이 연결되어 쾌적합니다. 홍대와 신촌이 가까워서 맛집 다니기에도 좋습니다. 풍수지리적으로 배산임수가 되는 명당이기도 합니다. 다만, 건설사가 유명하지 않고 주차장 출입구 문제 등 아파트 관리 이슈가 일부 있습니다. 단지 앞에 역세권 청년임대주택이 건설되고 있는데 아파트 단지를 일부 가리는 모습이어서, 청년임대주택 완공 후의 주변 정비 상황을 확인해볼 필요가 있습니다.

② 마포삼성아파트

마포 갈매기골목 바로 뒤편에 위치했으나 조용하고 마포역과 공덕역 정중앙에 위치하여 여의도 및 공덕역 일대 직장인에게 직주 근접이 가능한 대단지 평지 아파트입니다.

마포초등학교가 아파트와 가까워서 초등학생 자녀 키우기에도 안심이고 단지 내에 유치원도 있습니다. 대형마트도 도보로 이용 가능합니다. 24년차 아파트로 오래된 연식과 중앙난방은 단점이지만 향후 리모델링 추진 시에는 마포·공덕 일대에서 시세를 리딩하는 단지가 될 것입니다(아직 본격적인 리모델링 추진 얘기는 없는 상황입니다).

마포 갈매기골목 근처에 있어 번잡하고 시끄럽지만 아파트 단
지 안으로 들어오면 조용하고 파출소가 단지 옆문에 있습니다. 입
지 대비 연식 때문에 그동안 가격이 저렴했던 것이 단점이자 장점
이었습니다.

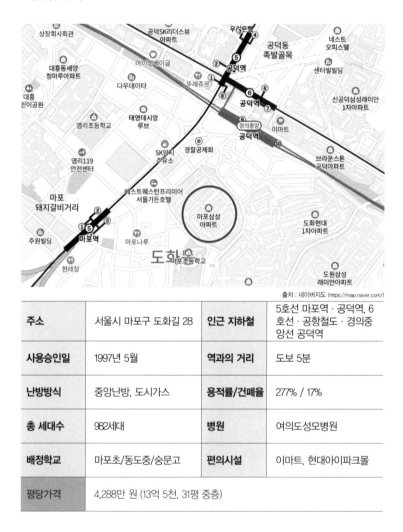

출처 : 네이버지도 (https://map.naver.com/)

주소	서울시 마포구 도화길 28	인근 지하철	5호선 마포역 · 공덕역, 6호선 · 공항철도 · 경의중앙선 공덕역
사용승인일	1997년 5월	역과의 거리	도보 5분
난방방식	중앙난방, 도시가스	용적률/건폐율	277% / 17%
총 세대수	982세대	병원	여의도성모병원
배정학교	마포초/동도중/숭문고	편의시설	이마트, 현대아이파크몰
평당가격	4,288만 원 (13억 5천, 31평 중층)		

③ 성산e편한세상 2차

송파에 헬리오시티가 있다면, 마포에선 성산시영이 재건축 이후 그만큼의 프리미엄 신축 대단지(5천 세대 이상)가 될 것입니다. 이러한 대단지 재건축 아파트 근처에서 재건축 이주 수요를 흡수할 수 있고 향후 새 아파트와 가격의 갭 메우기 또한 가능한 아파

출처 : 네이버지도 (https://map.naver.com/)

주소	서울시 마포구 월드컵북로 216	인근 지하철	6호선 월드컵경기장역, 경의중앙선 가좌역
사용승인일	2005년 7월	역과의 거리	6호선 도보 7분, 경의중앙선 도보 11분
난방방식	지역난방, 열병합	용적률/건폐율	244% / 22%
총 세대수	189세대	병원	세브란스병원
배정학교	신북초/중암중/가재울고	편의시설	홈플러스, 이마트
평당가격	2,876만 원 (9억 5천, 33평 9층)		

트는 성산e편한세상 2차(189세대, 2005년 7월 입주)입니다. 적은 세대수와 입주 16년차의 연식은 단점이지만, 앞으로 성산시영아파트가 새 아파트로 바뀌는 동안 그 이주 수요를 감당할 수밖에 없는 지리적 요건(성산시영과 마주보고 있습니다)은 큰 장점입니다.

단지에서 도보 5분이면 신북초등학교까지 갈 수 있고 비교적 조용한 환경과 상암월드컵경기장 및 한강공원 인프라를 이용할 수 있어 실거주 만족도가 높습니다.

마포구청 하늘도서관이 가까워 자주 이용할 수 있으며 상암월드컵경기장에 있는 홈플러스와 메가박스도 모두 도보로 갈 수 있어서 생활이 매우 편리합니다. 지하철과 버스 정류장이 가까워서 어디든 이동이 편리한 것도 장점입니다. 다만, 세대수가 적은 까닭에 그동안 아파트값의 상승이 제한적이었고 관리비 또한 대단지에 비하면 조금 더 나오는 것 같습니다.

양천구

1. 굳이 대치동에 살 필요가 없는 이유, 최강의 학군

목동을 차량으로 방문해보면 일방통행 구역이 많아 교통이 불편하고, 오래된 단지 아파트(1~14단지)는 주차장이 매우 부족한 상태라서 이중, 삼중 주차가 비일비재합니다.

또한 5호선 목동역과 붙어 있는 7단지, 9호선 신목동역과 근접한 1단지를 제외하곤 모든 단지들이 지하철 역에서 멀고, 2호선 신정네거리역(10단지 인접)이나 양천구청역(13단지 인접)은 목동으로 오려면 어차피 환승을 해야 해서 차라리 버스를 이용하는 편이 낫습니다.

이러한 단점에도 불구하고, 목동은 우수한 학군과 넓은 대지 지분을 가진 단지 아파트들의 투자성 덕분에 서남권 직장인에게는 강남의 대체재로서 꾸준한 인기를 얻고 있습니다. 일반적인 아파트는 전용면적보다 대지지분이 절반 이하인 경우가 많으나, 목동 단지의 아파트들은 전용면적과 대지지분의 차이가 거의 없는 편입니다(오히려 11단지의 경우, 전용면적보다 대지지분이 더 넓은 기형적인 구조를 갖고 있습니다).

대지지분을 많이 가질수록 결국 내가 보유한 땅이 많다는 것이고 덕분에 재건축이 되면 무상 환급받거나 추가 분담금 걱정 없이 새 아파트를 받을 기회가 생기게 됩니다. 그렇기 때문에 흔히 목동을 얘기할 때 떠올리는 단지 아파트들은 재건축 투자성이 높습니다. 이러한 이유로, 목동의 단지 아파트들은 세월이 갈수록 재건축 기대감에 가격 상승이 지속되고 있습니다.

또한, 일반고의 대입 결과가 웬만한 자사고의 대입 결과와 견주어도 손색이 없는 목동은 늘 학군 그 자체로도 인기가 있는 지역입니다. 예컨대, 양천구 신정동에 위치한 사립학교인 목동고등학교의 2019년 대입 결과는 다음과 같습니다.

목동고등학교의 2019년 대입 결과

	4년제 대학교		주요 4개 대학교				의대 치대 한의대	교육 대학	홍대 (미대)
	수시	정시	서울대	연세대	고려대	이대			
2019년 (재적 459명)	217	510	10	36	24	44	53	8	5

출처: 목동고등학교 홈페이지

위 결과는 중복 합격자를 포함하되, 재수생 중에서 개인정보 미제공자는 인원에 포함하지 않은 내용입니다. 중복 합격을 고려

하더라도, 일반고에서 이러한 성과를 낸 것은 주목할 만한 결과라고 생각됩니다. 더욱 중요한 사실은, 목동에는 목동고뿐만 아니라, 개교 100년이 넘는 진명여고, 양정고처럼 역사와 전통이 살아 있는 학교들이 있고 면학 분위기가 비교적 잘 조성되어 있다는 것입니다.

아이들의 수준별 맞춤 학습이 가능한 학원가가 오목교역 위주로 크게 발달해 있으며, 이러한 점들이 결국 광화문, 여의도, 마포, 상암, 마곡의 직장인 중에서 자녀의 교육에 관심 있는 부모들이 전세로라도 목동에서 살고 싶어 하는 이유가 되고 있습니다.

2. 지역 호재

양천구의 호재는 목동선과 신정뉴타운입니다. 먼저, 목동선은 2022년 착공 예정인 서울시 재정사업으로, 신월동에서 당산역까지 총 12개 역을 신설할 계획이 있습니다. 앞서 양천구를 소개하면서, 대부분의 목동 아파트가 지하철역에서 다소 떨어져 있는 점을 소개했는데 목동선이 생기고 나면 이러한 단점들이 상당 부분 해결될 것으로 기대가 되고 있습니다.

목동선의 주요 역을 살펴보면, 당산에서 출발해 오목교, 양천구청, 서서울호수공원, 신월사거리를 거쳐 신월역에서 마무리됩니다. 따라서 그동안 지하철 이용이 불편했던 상당수의 목동, 신정동, 신월동 아파트들이 일시에 역세권이 되는 날이 결국 올 것입니다. 다만 호재에는 언제나 변수가 있고, 경전철이 아직 착공 전이므로 완공 시기는 신중하게 생각할 필요가 있습니다.

양천구의 두 번째 호재는 신정뉴타운입니다. 신정뉴타운에서 2012년 입주한 두산위브와 2014년 입주한 롯데캐슬이 분양가에서 크게 오르지 못하던 날들은 이미 오랜 옛날이 되었습니다. 2020년 3월 입주한 목동센트럴아이파크위브(33평)는 분양가 5억 8천(최고가) 대비 약 7억 원 이상 올랐고 신정뉴타운의 다른 단지들도 비슷한 수준으로 일정 갭을 두고 따라가고 있습니다.

2021년 1월 래미안목동아델리체의 입주가 끝나면, 신정뉴타운은 양천구의 유일한 신축 대단지로 그 위상을 강화해갈 것입니다. 뉴타운은 말 그대로 마을이 새로 생기는 것을 의미합니다. 비행기가 수시로 굉음을 울리며 지나가고 낙후된 빌라밖에 없던 신월동과 신정동을 떠올리며 지금도 신정뉴타운의 가치를 몰라보는 사람들이 종종 있습니다.

이제 그러한 옛 동네는 추억 속에나 남았음을 신정뉴타운에 직접 가보면 느낄 수 있습니다. 왕십리뉴타운, 신길뉴타운 등이 어떻게 변해가고 있는지를 살펴보면 앞으로 신정뉴타운이 그려갈 미래를 짐작할 수 있습니다.

약 1만 1천 세대가 입주하게 될 신정뉴타운이 완성되면, 양천구는 목동선이 더욱 필요한 입장이 될 것이고 결국 목동선과의 시너지 효과로 인하여 양천구의 가치 또한 올라갈 것입니다. 1천 세대 이상의 새 아파트 한 곳만 생겨도 근처의 인프라(도로, 마트, 지하철 출입구 등)가 어떻게 바뀌는지를 생각해보면, 약 1만 1천 세대가 새로 생기는 신정뉴타운이 양천구 전체에 미칠 영향력을 가늠할 수 있습니다.

3. 추천 아파트

양천구에서 가장 가격이 높았고 앞으로도 계속 높을 아파트는 재건축이 가능한 목동 단지 아파트(1~14단지)가 되겠지만, 반대로 단지 아파트 전체가 재건축을 진행하는 동안 그 이주 수요를 온전히 감당해야 하는 주변의 아파트 역시, 가성비가 훌륭한 대체제가 될 것입니다. 목동 학원가를 공유하며 구축 밖 신축의 역할을 담당할 래미안목동아델리체, 목동 학군과 초역세권의 입지를 자랑하는 목동 금호 1차, 역세권과 초품아에 역시 목동 학군을 누리는 진도 1차가 그 주인공입니다.

① 래미안목동아델리체

목동 학원가를 쉽게 이용할 수 있고 신정뉴타운의 최대 단점인 비행기 소음에서도 일정 부분 자유로운 래미안목동아델리체(1,497세대, 2021년 1월 입주)는 맞은편 목동힐스테이트의 시세를 그대로 따라갈 것입니다. 목동힐스테이트는 2021년 1월 33평 기준으로 16~17억 5천의 시세를 형성하고 있습니다. 래미안목동아델리체는 2021년 1월 입주한 새 아파트로, 매매 가능한 조합원 입주권이 평균 16억 이상의 가격으로 나오고 있습니다. 목동힐스테이트와 지리적 여건에서 큰 차이가 없는 래미안목동아델리체 또한 입주 시 로얄동 로얄층 기준 17억까지는 무난히 상승할 것입니다.

또한 지선이지만 2호선 신정네거리역이 아파트 바로 앞에 있어 교통이 편리합니다. 아직 중·고등학교 학군이 형성되지 않았기에 목동 학원가를 이용하여 내신 상승을 노려야 합니다.

주소	서울시 양천구 신정동 1175-28	인근 지하철	2호선 신정네거리역(지선), 5호선 신정역
사용승인일	2021년 1월	역과의 거리	도보 2~14분
난방방식	지역난방, 열병합	용적률/건폐율	236% / 25%
총 세대수	1,497세대	병원	홍익병원
배정학교	남명초/신남중/신서고, 백암고	편의시설	이마트, 홈플러스, 현대백화점
평당가격	4,834만 원 (16억, 33평 고층)		

② 목동 금호 1차

목동 금호 1차(224세대, 1997년 10월 입주)는 5호선 오목교역이 도보 1분 거리의, 말 그대로 코앞에 있는 아파트입니다. 목운초등학교, 목운중학교가 도보 5분 안팎 거리에 있으며, 오목교역에

밀집된 목동 학원가와 현대백화점, 이마트, 안양천 또한 도보로 이용이 가능합니다.

향후 신설될 목동선에서도 오목교역이 환승역이 되는 만큼 지금도 그리고 앞으로도 목동 교통의 요지가 될 곳입니다. 25년차 아파트인 만큼 향후 리모델링 또한 기대해볼 수 있으며, 리모델링 추

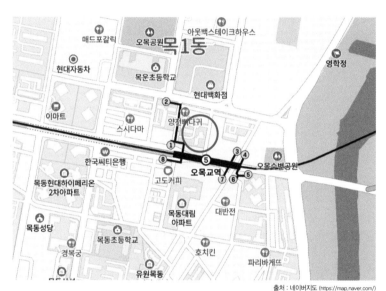

출처 : 네이버지도 (https://map.naver.com/)

주소	서울시 양천구 목동 934	인근 지하철	5호선 오목교역
사용승인일	1997년 10월	역과의 거리	도보 2분
난방방식	지역난방, 열병합	용적률/건폐율	349% / 24%
총 세대수	224세대	병원	홍익병원
배정학교	목운초/목운중/진명여고	편의시설	현대백화점, 이마트, 홈플러스, 오목공원
평당가격	3,943만 원 (11억, 27평 중층)		

진을 하지 않더라도 지리적 여건상(목동 학군, 역세권) 가격 방어가 잘 될 수밖에 없는 곳입니다.

주변 상권에 술집이 있어 소음이나 담배 연기의 영향을 받습니다. 다만, 102동에 이러한 단점이 있고 101동은 비교적 술집 등과는 거리가 있어 소음의 영향은 없습니다. 지하 주차장과 아파트가 연결되지 않아서 지하 주차장에서 계단으로 올라와 지상 주차장을 지나가야 하는 점은 불편합니다.

③ 진도 1차

진도 1차(182세대, 1998년 9월 입주)는 목동 학군을 공유하는 비단지 아파트로, 목동역 역세권이고 서정초등학교가 단지 바로 맞은편에 위치하고 있습니다. 목동의 단지 아파트들이 재건축을 진행하는 동안 재건축 이주 수요를 흡수할 것이고 동시에 주변에 신축 아파트가 생기면 구축 아파트의 가격도 따라 오르는 갭 메우기 또한 가능할 것으로 보입니다.

목동역과 오목교역을 위주로 형성된 편리한 생활환경(백화점, 마트 등)은 물론 학원가를 모두 도보로 이용 가능하여 입지가 매우 좋습니다. 용적률이 높아 재건축 기대수익은 없으나 반대로 리모델링은 가능한 아파트입니다. 입지를 고려할 때 향후 리모델링을 통한 신축 아파트로 바뀐다면 목동 재건축 아파트와 비슷한 가격대를 형성할 것입니다.

대로변에서 한 블록 안으로 들어와 있어서 조용하고 유해 시설도 없는 아파트입니다. 지상과 지하에 주차장이 있어 목동에서 주차 스트레스가 없으며, 목동 7단지·8단지와 학군을 공유하는 만큼 우수한 학군을 자랑합니다.

다만, 20년 이상된 아파트라서 내부를 수리하고 입주하는 경우가 많다 보니 세대별 공사 소음이 간혹 있다는 점을 감안해야 합니다.

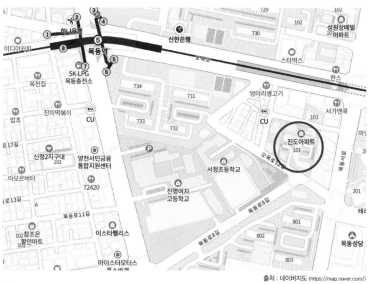

출처 : 네이버지도 (https://map.naver.com/)

주소	서울시 양천구 목동서로 264	인근 지하철	5호선 목동역
사용승인일	1998년 9월	역과의 거리	도보 5분
난방방식	지역난방, 열병합	용적률/건폐율	368% / 29%
총 세대수	182세대	병원	홍익병원, 이대목동병원
배정학교	서정초/목운중/진명여고	편의시설	이마트, 현대백화점, 홈플러스
평당가격	3,312만 원 (10억 6천, 32평 3층)		

모두가 꿈꾸는 대한민국의 최상급지

황금 입지 5는 평 단가 4,000만 원 이상인 강남구, 서초구, 송파구, 용산구를 정리했습니다. 강남구는 가격만으로도 상징성을 갖는 곳으로 학군과 직주 근접이 이곳만큼 완벽한 곳은 찾기 힘듭니다. 서초구 또한 평 단가 6,000만 원을 넘겼습니다. 잠원동의 구축 중 향후 리모델링 가능한 단지나, 방배동의 재건축·재개발 구역 인근 아파트를 추천합니다. 송파구 역시 모든 생활환경이 완벽한 동네입니다. 향후 마이스 복합단지 사업 등의 호재가 가득합니다. 용산구는 향후 총 면적 303만㎡이 용산공원 등으로 개발될 계획이며 지리적으로 남산을 등지고 한강을 마주한 최고의 '배산임수' 명당이자 서울의 중심부입니다.

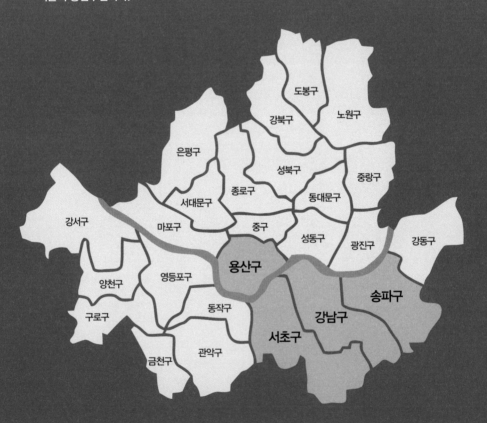

강남구 · 서초구 · 송파구 · 용산구

강남구	눈여겨볼 아파트	지역 호재
	• 개포우성 9차 • 청구아파트 • 수서한아름아파트	• 수서역세권 개발 • GTX A · C노선 • 글로벌비즈니스센터

서초구	눈여겨볼 아파트	지역 호재
	• 방배서리풀e편한세상 • 잠원훼미리한신 • 서초힐스	• 서초구 한강변 재건축 • 경부간선도로 지하화 추진 • 과천위례선

송파구	눈여겨볼 아파트	지역 호재
	• 우성 1, 2, 3차 • 송파시그니처롯데캐슬 • 방이동 코오롱아파트	• 잠실운동장 마이스 복합단지 사업 • 거여마천뉴타운의 완성

용산구	눈여겨볼 아파트	지역 호재
	• 이촌동 한가람 • 용산e편한세상 • 용산KCC스위첸	• 용산 미군기지 이전 • 신분당선 서북부 연장 • GTX A · B노선

강남구

1. 앞으로도 대한민국의 영원한 중심이 될 지역

학원가가 빼곡하게 형성되어 탄탄한 학군을 자랑하는 강남은 동시에 가장 많은 우리나라 직장인이 출퇴근을 하는 곳이기도 합니다. 강남 학생들의 입시 결과나 강남에 위치한 회사들을 굳이 설명하지 않더라도, 강남이 대한민국의 중심부라는 것을 모르는 사람은 없을 것입니다.

사실, 강남구는 1970년대 서울 도시개발계획이 있기 전까지는 서울로 보기도 어려운 논밭 일대였습니다(1963년 경기 시흥군, 광주군에서 서울로 편입되었습니다). 오히려 이러한 이유로 깨끗하게 도로망이 깔리고 개발되면서, 제조업이나 공업 지역이 거의 없이 주거지와 상업 지역으로 고르게 개발된 편입니다.

그 덕분에 강남구는 아이들의 교육을 위해서, 편리한 직장 출퇴근을 위해서 지금도 그리고 앞으로도 상주하는 인구가 많을 수밖에 없습니다. 강남역은 전국의 도시철도역을 통틀어 승하차객수 1위를 차지하고 있으며, 일평균 승하차 승객 수가 20만 명에 달합니다.

일반적으로 교통 호재라는 것은 새로운 지하철 노선이 개통되거나 기존의 도로나 터널이 정비되는 것을 의미하는데, 이러한 호재의 결과로 빠지지 않는 설명이 "강남까지 기존 몇 분 거리에서 몇 분대로 단축이 된다"라는 식의 멘트입니다.

이처럼 강남까지의 이동 시간이 짧아지면, 해당 호재로 인해 그 지역의 집값이 오를 거라고 보는 것이 일반적입니다. 그렇다면, 아예 강남구 안에서 산다면 어떨까요? 굳이 이동 시간을 따질 필요가 없이 강남구 안에서 살고 있다면, 꾸준한 지가 상승은 당연한 일일 것입니다.

2. 지역 호재

입지 자체가 호재인 강남구에서도 '수서역세권 개발'은 큰 기대를 모으고 있습니다. 지난 2016년 12월 9일 SRT가 개통되면서 강남구의 조용하고 한적한 동네에서 고속철도 이용 중심지로 거듭난 수서동은, 앞으로 수서역 일대 38만 6,664m²의 수서역세권 공공주택지구가 개발되면서 업무·유통·주거시설을 갖춘 복합도시(총 사업비 6,700억 원 추산)로 바뀔 예정입니다.

현재 운영 중인 SRT와 3호선, 분당선은 물론 향후 광역급행철도(GTX) A노선, 수서-광주선, 과천-위례선 개통 등이 예정되어

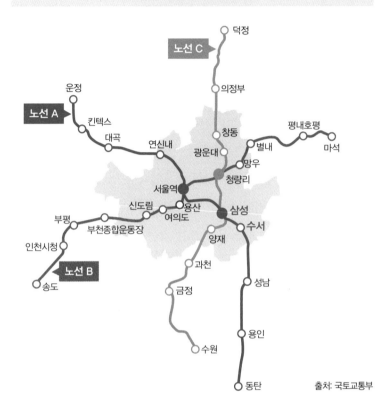

광역급행철도(GTX) 노선도

노선 C

덕정

의정부

운정

노선 A

킨텍스

대곡

연신내

창동

평내호평

광운대

별내

마석

망우

서울역

청량리

신도림

용산

삼성

부평

여의도

수서

부천종합운동장

양재

인천시청

노선 B

과천

성남

송도

금정

용인

수원

출처: 국토교통부

동탄

있기 때문에 수서역은 앞으로 서울 동남권 교통 중심부의 위상을 강화할 것입니다. 더 이상 좋아지기도 힘들만큼 이미 촘촘한 지하철 노선을 품은 강남구이지만, 향후 GTX A노선과 C노선으로 인해 교통이 더 편리해질 예정입니다.

앞으로 삼성역은 GTX A노선과 C노선의 환승역이 되며, 삼성역에서 서울역과 청량리역으로의 접근성이 획기적으로 좋아질 것입니다. 이러한 교통의 호재는 앞서 설명한 것처럼 강남까지 이동 시간이 단축되는 서울역과 청량리 지역의 호재로 보는 것이 더욱 타당하다고 할 수 있습니다. 다만, 강남에서 서울 전 지역과 경기 전역으로의 이동이 편리해진다는 점에서는 언급할 가치가 있겠습니다.

수서역세권 개발, 수도권 광역급행철도 노선 개통이 모두 교통의 호재였다면, 강남구 삼성동에 생기는 현대차그룹 신사옥 '글로벌비즈니스센터'(GBC)는 강남구 전체 입지를 한 단계 업그레이드 하는 계기가 될 것입니다. 현대차그룹의 신사옥 글로벌비즈니스센터는 지상 105층, 높이 595m의 국내 최고의 높이로 삼성동에 건설되며, 2019년 11월 건축허가가 났습니다(다만 최근, 서울시 등에 따르면 현대차그룹은 비용 절감 등을 고려해 50층 3개 동 등 다양한 안을 내부 검토 중이라고 합니다).

서울시가 지난 2020년 5월 착공신고서를 수리하고 착공 신고필증을 교부함에 따라, 2026년 하반기 준공을 목표로 하고 있으며, 현대차그룹과 국방부 간 '단계적인 작전제한사항 해소' 합의를 통해 가까스로 건축허가가 완료되었습니다. 향후, 굴토·구조안전 심의, 안전관리계획 승인을 거쳐 착공하게 될 것으로 보입니다.

GBC는 7만여m² 대지면적에 건축면적 3만여m², 건폐율 46.53%로 지어지며, 업무 공간은 물론 호텔, 전시·컨벤션 시설, 공연장 등이 조성될 것입니다. 이렇게 지하 7층에서 지상 105층(569m)으로, 원안대로 완공되면 국내 최고 높이가 됩니다. 잠실의 랜드마크인 롯데월드타워가 지상 555m인 것을 고려하면, GBC

있는 곳이 바로 여기입니다.

통상적으로 재건축 절차상 사업시행인가 이후 관리처분 및 이주와 철거를 거쳐 입주까지 5년에서 7년 정도가 소요됨을 볼 때 최대 2028년 전까지 서초구 한강변에 약 2만 1천 세대 이상의 신축 아파트가 입주할 것으로 예상할 수 있습니다.

서초구 한강변 재건축 추진 현황

번호	사업명	추진현황	위치	시공사	재건축 이후 세대수
1	반포주공(제3주구) 주택재건축정비사업	사업시행계획인가	반포동	삼성물산	17개동 2,091세대
2	신반포18차(337동) 주택재건축정비사업	사업시행계획인가	잠원동	미정	2개동 182세대
3	신반포21차 주택재건축정비사업	사업시행계획인가	잠원동	미정	2개동 275세대
4	반포주공1단지(1,2,4주구) 주택재건축정비사업	관리처분계획인가	반포동	현대건설	56개동 5,335세대
5	신반포4지구(8,9,10,11,17차) 주택재건축정비사업	관리처분계획인가	잠원동	GS건설	31개동 3,685세대
6	신반포22차 주택재건축정비사업	관리처분계획인가	잠원동	현대엔지니어링	2개동 168세대
7	신반포15차 주택재건축정비사업	착공신고	반포동	대우건설	6개동 673세대
8	반포현대 주택재건축정비사업	준공예정	반포동	동부건설	2개동 108세대

의 규모와 그 파급 효과를 짐작해볼 수 있습니다.

3. 추천 아파트

강남구에서 소개할 아파트는 2021년 11월 말 입주 예정으로 강남에서 귀한 신축(수평증축 리모델링 진행 중)인 개포우성 9차, 확실한 호재 GBC의 영향을 받는 삼성동의 청구아파트, GTX A노선의 수혜지 수서역세권의 수서한아름아파트입니다.

① 개포우성 9차

지금의 모습이 아닌 미래를 꼭 봐야 하는 개포우성 9차(232세대, 1991년 1월 입주)입니다. 현재 수평증축 리모델링 공사 중이며 2021년 11월 말 준공 예정인 개포의 신축 아파트로서 초등학교와 중, 고등학교가 아파트를 둘러싸고 있어 안심하고 자녀를 통학시킬 수 있습니다. 재건축이 아닌 리모델링 단지이며 현재 거래가 가능한 점이 메리트입니다.

분당선과 3호선 모두 도보로 이용 가능합니다. 개포의 40~41평대 새 아파트를 주변의 대단지 아파트와 비교하여 저렴한 가격으로 매수할 수 있는 기회가 될 곳입니다. 학교가 매우 가까이 위치한 점과 역세권인 점을 고려했을 때 향후 입주 시 개포동에서 작지만 강한 단지가 될 것으로 기대됩니다.

2020년 11월 기사에서 천장고가 타 신축 아파트 평균(2.3m)보다 0.2m 낮은 2.1m 수준에서 지어지고 있고, 창문 크기도 기존보다 작아졌다는 소식이 전해졌으나 다시 조합과 건설사(포스코)

간 협의가 진행 중이라고 합니다. 매수 전에 이 부분은 최종적으로 확인이 필요합니다.

　　대치동 학원가까지도 버스로 이동 가능해서 아이 교육에도 좋은 곳입니다. 주변 학교 덕분에 막힘없는 청계산 전망도 장점입니다. 인근 개포주공1단지 재건축 완료 시 주변 인프라를 이용할 수

출처 : 네이버지도 (https://map.naver.com/)

주소	서울시 강남구 개포로 311	인근 지하철	분당선 구룡역, 3호선 도곡역
사용승인일	1991년 1월(리모델링 후 2021년 입주 예정)	역과의 거리	도보 3~10분
난방방식	지역난방, 열병합	용적률/건폐율	249% / 18%
총 세대수	232세대	병원	강남세브란스병원, 삼성서울병원
배정학교	개일초/구룡중/개포고	편의시설	롯데백화점, 이마트
평당가격	7,405만 원 (22억, 29평 1층) (리모델링 후 40평 전환, 추가 분담금 3억 8천~4억 2천만 원 별도)		

있어 생활환경도 더 편리해질 것입니다.

② **청구아파트**

청구아파트(167세대, 1992년 5월 입주)는 청담역 도보 1분, 현대자동차 글로벌비즈니스센터인 GBC에서 도보 11분 거리에 있

출처 : 네이버지도 (https://map.naver.com/)

주소	서울시 강남구 영동대로 128길 5	인근 지하철	7호선 청담역, 9호선 봉은사역
사용승인일	1992년 5월	역과의 거리	도보 1~8분
난방방식	개별난방, 도시가스	용적률/건폐율	261% / 18%
총 세대수	167세대	병원	강남차병원, 건국대병원
배정학교	봉은초/봉은중/경기고	편의시설	코엑스몰, 현대백화점, 갤러리아백화점
평당가격	6,942만 원 (22억, 31평 고층)		

으며, 봉은초등학교, 봉은중학교, 경기고등학교가 아파트 좌우로 위치해 있습니다. 삼성동에서 아파트가 밀집한 곳은 그리 많지 않으나, 그중에서도 초·중·고등학교를 모두 도보 통학 가능한 거리에 품으면서 역세권인 곳은 더욱 적습니다.

청구아파트의 맞은편에 있는 홍실아파트는 2018년 4월 관리처분인가를 받았으며, 통상 관리처분인가 후 새 아파트 입주까지 빠르면 5년 이내로 소요되는 편입니다. 따라서 향후 홍실아파트가 새 아파트로 바뀌어 주변 시세를 리딩할 때 간격을 두고 같이 가격이 오르는 이른바 갭 메우기를 실현할 곳이 바로 청구아파트입니다. 또한 입주 30년 차인 청구아파트는 향후 리모델링이나 재건축을 자체적으로 기대해볼 수도 있을 것으로 보입니다. 만일 리모델링이나 재건축이 추진된다면, 청구아파트는 그 입지상 삼성동 전체에서도 동일평형 기준 가장 비싼 새 아파트가 될 것입니다.

강남 어디든 가기가 수월하고 상업시설인 코엑스와 현대백화점이 가까워서 모든 문화, 여가 생활을 편리하게 누릴 수 있습니다. 근처의 하늘공원과 청담공원을 이용하기 편하고, 향후 위례신사선 청담역까지 생기면, 교통 또한 더욱 편리해질 예정입니다.

아쉬운 점은, 아파트 단지 진입로에 경사가 있습니다. 주차가 좀 불편하지만 연식을 고려하면 적당히 관리되고 있는 편입니다. 대로변 소음과 먼지가 있으나 주변의 상업용 건물이 막아주고 있습니다.

③ 수서한아름아파트

수서역세권의 수서한아름아파트(498세대, 1993년 11월 입주)는 수서역 도보 1분 거리에 위치해 교통이 편리한 것이 최대 장점입니다. 수서초등학교, 수서중학교, 세종고등학교가 모두 도보 통학 가능하며 분당선과 3호선, SRT를 모두 편리하게 이용할 수 있

출처 : 네이버지도 (https://map.naver.com/)

주소	서울시 강남구 광평로51길 22	인근 지하철	분당선 · 3호선 · SRT 수서역
사용승인일	1993년 11월	역과의 거리	도보 3분
난방방식	지역난방, 열병합	용적률/건폐율	249% / 23%
총 세대수	498세대	병원	삼성서울병원, 경찰병원
배정학교	수서초/수서중/세종고	편의시설	이마트, 롯데마트
평당가격	4,517만 원 (16억 5천, 36평 1층)		

습니다(GTX A노선에도 수서역이 예정되어 있습니다).

향후 수서역세권 개발이 진행되면 주변 인프라의 발전 또한 기대할 수 있으며, 비교적 대형 평수(36평, 46평, 57평) 위주로 구성된 점은 소형 평수 위주의 수서역 일대 아파트 중에서 단연 돋보이는 장점입니다. 다만, 강남치곤 학군이 매우 뛰어난 편은 아니어서 대치동으로 학원을 보내는 부모들이 많은 곳이기도 합니다.

대모산, 탄천, 강남스포츠문화센터가 가까워서 여가생활을 즐기기에도 좋습니다. 단지가 중대형 평수 위주라서 저녁에는 조용하고 아파트 주변 환경이 깨끗하게 잘 관리되고 있습니다. 지하 주차장까지 있어서 주차가 편리한 것은 수서역 일대의 아파트 중에선 큰 장점입니다. 열병합발전소 인근에 위치한다는 점은 단점이 될 수 있습니다. 또한 수서역 인근이라 편리하지만 유동 인구가 그만큼 많고, 길거리에 흡연하는 사람들이 종종 있는 점은 감안해야 합니다.

서초구

1. 한강변 재건축, 최고급 주거지의 재탄생

지하철 2호선 방배역 4번 출구로 나와서 내방역 방향으로 걷다가 방일초등학교 쪽으로 들어가면 대형 고급빌라들이 있습니다. 학창시절 아르바이트로 육체노동을 해봐야겠다고 생각했던 저는 방배동에서 이러한 고급빌라들의 공사 현장에서 일했습니다. 주로 벽돌을 나르거나, 공사현장 앞에서 수신호로 교통 통제를 하거나 주변에 먼지가 나지 않도록 수시로 물을 뿌리는 일을 하기도 했습니다.

당시에도 방배동은 서울에서 전통적인 고급 부촌이었기 때문에 허름한 차림의 제 모습과 주변의 값비싼 고급빌라, 외제차들 속에서 괴리감을 느껴보기도 했고, 언젠가는 내가 지금 짓고 있는 이 빌라를 사서 들어오겠다는 당찬 꿈을 꿔보기도 했습니다. 대학교

졸업 후 취업, 결혼, 육아 등의 현실을 지나오면서 방배동이 얼마나 비싼 동네인지 알게 되었고, 저의 꿈이 참 높았다는 걸 깨닫고 있습니다.

방배동으로 이야기를 시작했지만 서초구는 위치 자체가 명실공히 서울의 대표적인 부자 동네 '강남'에 속해 있습니다. 우리가 흔히 강남의 아파트가 비싸다고 말할 때 이야기하는 강남은 실제로는 서초구와 강남구를 의미하고, 강남 4구는 여기에 송파구와 강동구를 포함한 개념입니다.

서초구는 서울특별시 자치구 중에서 가장 넓은 구(면적 약 47km²)이며, 한강 뷰가 가능한 전통 부촌 반포동과 잠원동, 직주근접의 최고의 위치 서초동, 고급 빌라와 대형 평수 아파트가 가득한 방배동이 서초구의 높은 집값을 담당하고 있습니다. 아직 교통 개발이 더 필요한 내곡동과 아파트가 부족한 우면동은 서초구의 다른 동에 비하면 집값이 저렴하다고 느껴지지만 이곳 역시도 서울의 다른 자치구와 비교했을 때, 여전히 집값이 높은 곳 중 하나입니다.

2. 지역 호재

서초구는 한강변에서 재건축을 추진 중인 단지만 총 37곳이며 이 중에서 사업시행인가까지 완료된 곳은 20곳입니다. 현재 지지부진한 강남의 압구정, 대치의 재건축과 비교했을 때, 모두 완성된 이후의 서초구 한강변 아파트는 대한민국 최고의 부촌이 될 것입니다. 이미 평당 1억 원의 신화를 쓴 아크로리버파크가 자리하고

9	삼호가든3차 주택재건축 정비사업	준공예정	반포동	현대건설	6개동 720세대
10	반포우성 주택재건축정비사업	입주자모집 공고 승인	잠원동	롯데건설	7개동 596세대
11	신반포14차 주택재건축정비사업	입주자모집 공고 승인	잠원동	롯데건설	4개동 279세대
12	신반포3차 · 경남 주택재건축정비사업	착공신고	반포동	삼성물산	18개동 2,971세대
13	신반포13차 주택재건축정비사업	입주자모집 공고 승인	잠원동	롯데건설	3개동 330세대
14	잠원동 71-9	착공신고	잠원동	중앙건설	29세대
15	신반포5차 주택재건축정비사업	관리처분계획(변경)인가	잠원동	대림산업	5개동 595세대
16	신반포6차 주택재건축정비사업	준공인가	잠원동	GS건설	7개동 757세대
17	반포한양 주택재건축정비사업	준공인가	잠원동	GS건설	7개동 607세대
18	삼호가든4차 주택재건축정비사업	준공인가	반포동	대우건설	8개동 751세대
19	신반포18차 · 24차 주택재건축정비사업	준공인가	잠원동	삼성물산	6개동 475세대
20	서초한양 주택재건축정비사업	이전고시	반포동	현대산업개발, 삼성물산	11개동 829세대

출처: 서초구청

또한, 서초구에서는 양재 IC부터 한남 IC까지 6.8km의 경부 간선도로 전역을 지하화하는 계획을 갖고 있습니다. 지하를 복층화하여 12차로를 만들고, 지상에는 친환경 문화복합공간을 조성하여 쾌적한 주거환경을 만드는 것이 목적입니다. 이를 위해 2018년, 서초구청에서는 경부간선도로 주변지역 관리 방안에 대한 연구를 실시했습니다. 현재는 경부간선도로 지하화에 대한 캠페인 및 포럼 등을 통해 공론화를 진행 중입니다.

아직 공사가 시작되지 않았고, 앞으로도 2년간은 공론화를 위한 포럼이 진행될 예정이지만, 계획대로 추진된다면 경부간선도로 해당 구간이 녹지로 바뀌는 만큼 주변의 주거환경이 한층 더 쾌적해질 것입니다. 반포와 잠원 쪽의 재건축 아파트가 모두 신축으로 변모하려면 10년 이상의 시간이 남은 만큼 그사이에 경부간선도로 지하화도 예정대로 진행되길 바라봅니다.

서울에서 가장 면적이 큰 서초구는 대부분의 구역이 이미 지하철로 촘촘하게 연결되어 있습니다. 다만, 양재동과 우면동 일대는 아직 교통의 사각지대로 개선이 필요합니다. 서초구에 지하철 이용자가 얼마나 있겠느냐는 농담들도 있지만, (위례에선 위례과천선이라 부르는) 과천위례선이 신설되고 나면 서초구의 모든 동네가 지하철로 연결될 것이기에 해당 지역 주민들의 기대가 매우 큽니다. 이 호재는 서초구 아파트와도 연결이 됩니다.

3. 추천 아파트
서초구에서는 방배동 재건축 단지들의 반사이익을 누릴 방배서리풀e편한세상, 반포의 재건축 이주 수요를 그대로 흡수하면서 향후 리모델링 기대감이 있는 잠원동의 잠원훼미리한신, 과천위례선 개통 시 지금보다 교통이 획기적으로 좋아질 우면동의 서초힐스를 추천합니다.

① 방배서리풀e편한세상

신축 아파트는 아니지만 2010년 입주한 아파트로 비교적 깨끗하게 관리되고 있는 곳입니다. 방일초등학교까지 큰 길 건너지 않고 아이들이 안전하게 등교할 수 있고 2호선과 7호선을 모두 도보로 이용 가능합니다. 단지 바로 뒤에 서리풀공원과 연결되어 학세권, 역세권, 공(원)세권을 모두 만족하는 아파트입니다. 강남(정확히는 서초)에서도 빌라가 많은 동네인 방배동에서 비교적 규모를 갖춘 아파트는 늘 꾸준한 수요가 있습니다. 강남에서 비교적 물가가 저렴하면서도 2개의 지하철 역세권에 초, 중, 고등학교 모두 우수한 학교로 배정되는 점도 방배서리풀e편한세상의 강점입니다.

아파트 단지 내 조경도 훌륭하고 내부 자재도 고급스럽습니다. 헬스장, 독서실 등 커뮤니티도 잘 관리되고 있고 지하 주차장도 밝고 너비가 넓어 주차하기 편합니다. 인근에 백석예술대학교가 있어 다양한 대학상권을 가깝게 이용할 수 있습니다. 준공 10년차 이상으로 보일러 교체 시기가 도래했지만 그 외 신축 아파트와 비교하여도 전혀 아쉬울 것이 없는 곳입니다.

다만, 109동의 경우 분양 당시 복도식 임대아파트로 분양하려다가 도시정비법 변경으로 인하여 일반분양했습니다. 따라서 일부

출처 : 네이버지도 (https://map.naver.com/)

주소	서울시 서초구 효령로33길 50	인근 지하철	2호선 방배역, 7호선 내방역
사용승인일	2010년 8월	역과의 거리	도보 3~7분
난방방식	개별난방, 도시가스	용적률/건폐율	206% / 24%
총 세대수	496세대	병원	서울성모병원
배정학교	방일초/이수중/서울고	편의시설	이마트, 홈플러스, 신세계백화점
평당가격	6,340만 원 (22억, 34평 중층)		

세대가 복도식인 점은 염두에 두어야 합니다.

② 잠원훼미리한신

잠원훼미리한신(288세대, 1992년 11월 입주)은 리모델링 조합설립 후 안전진단(B등급, 수직증축 리모델링 가능)까지 마친 아파트입니다. 향후 리모델링을 완료하여 새 아파트로 거듭날 경우, 잠원동 한강변의 입지를 바탕으로 탄탄한 시세 상승을 이끌 곳입니다. 서초구에는 한강변 재건축 아파트가 밀집되어 있고, 모든 아파트가 새 아파트로 바뀔 시 서울 전체에서 가장 집값이 높은 동네가 될 것입니다. 그중에서도 한강변 신축은 세대수가 적더라도 늘 수

출처 : 네이버지도 (https://map.naver.com/)

주소	서울시 서초구 잠원로 202-11	인근 지하철	3호선 잠원역 · 신사역
사용승인일	1992년 11월	역과의 거리	도보 10분
난방방식	지역난방, 열병합	용적률/건폐율	149% / 정보 없음
총 세대수	288세대	병원	순천향대학교 서울병원, 강남차병원, 가톨릭 성모병원
배정학교	신동초/신동중/세화고/세화여고	편의시설	뉴코아 강남점, 현대백화점, 신세계백화점
평당가격	6,088만 원 (19억, 31평 1층)		

요가 있기 때문에 눈여겨봐야 할 아파트입니다.

집 앞에 버스 정류장이 있어 여의도, 삼성, 잠실, 사당까지도 버스 이용이 편리합니다. 도보 10분으로 잠원역과 신사역이 모두 이용 가능하고 몇 년 후에는 신분당선까지도 개통됩니다. 고속터미널 쪽은 물론, 압구정 방면도 모두 생활권입니다. 고속터미널 근처의 우수한 초, 중, 고등학교를 다니면서도 고속터미널 특유의 번잡함은 차단되는 것이 큰 장점입니다.

현재 주차장이 부족한 문제는 있으나 앞으로 리모델링(포스코 시공, 추가 분담금 약 1.5~2억 예상)을 통해 지하 주차장이 생긴다면 이러한 단점이 사라질 것으로 기대됩니다. 도보 10분으로 한강잠원지구(테니스장, 수영장)가 가깝고 뉴코아, 킴스클럽 또한 차로 5분 거리입니다. 동네가 늘 조용하고 깨끗하고 생활이 편리한 것이 잠원동만의 장점입니다. 압구정 근처 학원가 이용도 편리합니다. 다만, 대로가 가까워서 소음과 먼지가 좀 있는 편입니다.

③ 서초힐스

강남구와 서초구에서 새 아파트에 1천 세대가 넘는 대단지의 30평대는 기본 20억 이상부터 매물이 나오는 것이 현실입니다. 단, 서초지구나 우면지구는 대중교통 이용이 다소 불편한 관계로 아직 15억 이하 매물이 있습니다. 서초지구에 위치한 서초힐스(1,082세대, 2012년 12월 입주)는 2020년 11월 기준 15억 원에 35평 매물이 있습니다.

입주 9년차 아파트로 더 이상 새 아파트로는 볼 수 없지만,

아직 내외관이 신축 아파트와 비교하여 크게 떨어지지 않습니다. 또한, 단지에 우솔초등학교가 붙어 있으므로 서초구에서 초품아의 대단지 아파트를 원했던 분들에게 우선적으로 추천하는 곳입니다. 교통의 소외지역인 것이 유일한 단점이라면 단점이었으나, 과천위례선 개통 시 주암역(역명 미정)이 도보 5분 거리에 위치하는 역세

출처 : 네이버지도 (https://map.naver.com/)

주소	서울시 서초구 양재대로2길 90	인근 지하철	과천위례선 주암역(예정)
사용승인일	2012년 12월	역과의 거리	도보 5분
난방방식	개별난방, 도시가스	용적률/건폐율	208% / 17%
총 세대수	1,082세대	병원	강남세브란스병원
배정학교	우솔초/영동중/상문고	편의시설	코스트코, 농협하나로마트
평당가격	4,265만 원 (15억, 35평 중층)		

권 아파트가 됩니다.

특히 강남권을 자동차로 출퇴근하는 직장인에게 추천하고 싶습니다. 주변이 쾌적하여 젊은 신혼부부나 은퇴한 노부부가 살기에도 적당한 동네입니다. 모든 차량은 지하 주차장을 이용하므로 지상에 차가 없어 아이들 키우기 안전하고 초등학교가 바로 앞에 있어 좋습니다.

다만, 아파트 근처에 대형병원이나 식당가가 없어서 항상 차를 타고 나가야 하고, 중학교 이상의 자녀는 학교와의 거리 때문에 키우기 어렵습니다. 학군과 연계되는 학원가도 도보 가능한 곳이 없습니다. 지하철역이 아직 도보 거리에 없지만 버스 정거장은 아파트 바로 앞에서 5분 미만 간격으로 있습니다. 양재 IC, 사당 쪽으로 나갈 때, 차가 많이 막히는 점은 아쉽습니다.

송파구

1. 엘리트레파에서 헬리오시티까지, 꿈의 아파트촌

결혼 후 아이들을 키우면서는 주말에 친구들과 잠깐 점심식사 하는 것도 사치였기 때문에, 모임이 있으면 신혼집인 강동구에서 가까웠던 잠실을 약속 장소로 잡곤 했습니다. 강동역 근처에서 잠실로 가는 버스를 타면 강동구의 천호역과 송파구의 풍납동을 지나 잠실로 도착하게 됩니다.

당시 부동산에 대해서 아무것도 모르던 시절이었지만 강동역과 천호역 일대의 어수선한 분위기가 송파구 풍납동으로만 와도 현저하게 바뀌는 것을 느낄 수 있었습니다. 풍납동을 지나서 신천동의 파크리오로 넘어오면 확실히 부자 동네라는 인식이 강하게 들었는데 깨끗한 주변 환경과 6천여 세대 대단지의 웅장함이 저를 압도했습니다.

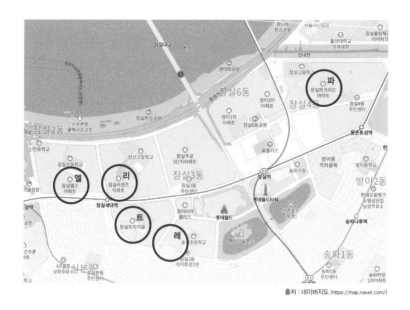

출처 : 네이버지도 (https://map.naver.com/)

처음으로 파크리오 주변을 둘러보고 잠실에서 친구들을 만난 후 집으로 돌아온 날, 아내에게 "송파에 가면 파크리오 아파트가 있는데 너무 좋더라. 우리도 꼭 그런 곳으로 나중에 이사 가자"라고 말했습니다. 그리고 좀 더 시간이 지난 후에는 '엘리트레파'로 꼭 가자고 아내와 자주 이야기하곤 했습니다(엘리트레파는 잠실 생활권의 대표적인 준신축 엘스, 리센츠, 트리지움, 레이크팰리스, 파크리오 아파트의 앞 글자만 따서 부르는 말인데 어디선가 들은 이후로 저 또한 그렇게 부르고 있습니다).

사실, 송파구는 668,920명(2020년 10월, 행정안전부 주민등록 인구 기준)으로 전국에서 가장 많은 인구가 살고 있는 자치구입니다. 즉 엘리트레파처럼 대단지의 역세권 인프라가 좋은 아파트와 그렇지 못한 일반 주택들이 혼재되어 있는 곳이며, 덕분에 집값의 편차가 심한 지역이기도 합니다. 잠실주공 5단지, 올림픽훼밀리타운, 올림픽선수기자촌 같은 수천 세대의 향후 재건축 가능한 아파트가 있으며, 그중에서도 가락시영아파트를 재건축한 헬리오시티(9,510세대, 2018년 12월 입주)는 이제 '엘리트레파'를 넘어 송파구의 대장 아파트 단지가 되고 있습니다.

2. 지역 호재

잠실운동장 마이스(MICE) 복합단지는 서울시가 국제교류복합지구(강남구 코엑스에서 송파구 잠실종합운동장까지 일대 199만m² 지역) 중에서 잠실운동장 일대 33만여m² 지역 안에 전시 · 컨벤션 · 스포츠 · 문화시설을 조성하는 사업입니다. 해당 사업비는 총 2조 2,280억 원이며 서울시에서는 이를 전액 민간에서 조달할 계획입니다.

본 사업이 성공적으로 완료되면, 3만 5천 석의 야구장과 스포츠콤플렉스 1만 1천 석, 숙박시설 900실, 수영장 등이 건축됩니다. 아울러, 잠실야구장은 보조경기장으로 이전되고 88올림픽대로는 지하화될 예정입니다.

아울러, 송파구는 강남 4구에서 유일하게 뉴타운 사업이 진행되고 있는 곳입니다. 거여마천뉴타운은 거여 1·2동 및 마천 1·2동 일원의 면적 1백만여m² 부지를 2006년부터 개발하기 시작한 곳입니다. 2029년 개발완료 시점에는 1만 3천 가구의 미니 신도시가 생기는 뉴타운 사업이며 강남권의 뉴타운이라는 희소성과 더불어 위례신도시와 마주한 입지 덕분에 강남 생활권의 신축 대단지 주거환경이 갖춰질 예정입니다.

거여 2-1구역을 재개발하는 송파시그니처롯데캐슬(1,945세대, 2022년 1월 입주 예정)의 경우 평균 당첨 가점은 61.5점이었으며, 당첨자 최고 가점은 79점으로, 전용면적 84m² B형과 108m²에서 나왔습니다.

2019년 9월 분양 당시 평균 분양가는 전용 59m²가 5억 4,800만~5억 6,500만 원, 전용 84m²가 8억 4,100만~8억 9,700만 원, 전용 108m²는 10억 800만~10억 9,000만 원이었습니다. 송파구의 새 아파트임에도 불구하고, 전용 108m²를 제외하면 모두 중도금 대출이 가능한 가격이었기 때문에 평균적으로 높은 당첨 가점을 보였습니다.

향후 거여마천뉴타운이 모두 완성되면 33평 기준으로 최소 15억 이상의 가치가 있는 새 아파트 1만 3천 세대가 생깁니다. 거여마천뉴타운 주변의 환경과 분위기가 지금보다 좋아질 것은 자명한 일입니다.

3. 추천 아파트

송파구에서는 강남과 가까우면서 실질적인 호재와 재건축 이슈가 있는 대단지 우성 1, 2, 3차 아파트, 거여마천뉴타운의 대장 아파트인 송파시그니처롯데캐슬, 5호선 역세권의 초·중·고 품아로서 향후 오금·방이동 재건축의 반사이익을 볼 방이동 코오롱아파트를 추천합니다.

① 우성 1, 2, 3차

송파구의 호재를 그대로 받을 우성 1, 2, 3차 아파트는 1, 2차
기준으로 지어진 지 무려 40년이 넘은 아파트입니다. 2006년 10월

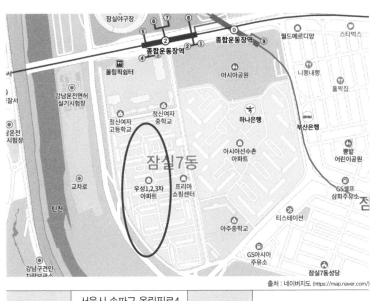

출처 : 네이버지도 (https://map.naver.com/)

주소	서울시 송파구 올림픽로4길 42	인근 지하철	2·9호선 종합운동장역
사용승인일	1981년 12월(우성 1, 2차), 1982년 7월(우성 3차)	역과의 거리	도보 4~7분
난방방식	지역난방, 열병합	용적률/건폐율	176% / 17.43%
총 세대수	1,842세대	병원	삼성서울병원, 베스티안병원
배정학교	아주초/정신여중/정신여고	편의시설	현대백화점, 코엑스몰, 롯데백화점, 롯데마트
평당가격	6,479만 원 (20억 5천, 31평 중층)		

에 조합설립추진위원회가 승인되었으나 2021년 현재까지 조합설립이 완료되지는 않았습니다. 아직 조합설립에 동의하지 않는 세대가 있는 것으로 보이지만, 향후 잠실운동장 마이스(MICE) 복합단지 개발이 가시화되면 그동안 재건축에 부정적이었던 분들의 마음도 바뀔 것이라 봅니다.

서울 지하철에서 가장 상징적인 노선인 2호선과 황금 노선인 9호선을 모두 도보로 이용 가능합니다. 아시아공원이 바로 앞에 있어 쾌적한 자연환경을 누릴 수 있고, 초등학교와 중, 고등학교가 모두 단지와 마주하고 있어 아이들 키우기에 좋습니다. 주변에 유해 시설이 전혀 없고 인근 현대자동차 글로벌비즈니스센터와 잠실 마이스 복합단지 개발 시 가장 직접적인 수혜단지입니다.

단지 바로 근처에는 대형 편의시설이 따로 없고, 단지 내 상가 규모도 작은 편입니다. 오래된 아파트이다 보니 주차가 편리하지 않으며, 어린이집이 없는 점은 아쉽습니다.

② 송파시그니처롯데캐슬

송파구의 뉴타운이자 강남 4구의 유일한 뉴타운인 거여마천뉴타운에서 대장 역할을 할 아파트는 송파시그니처롯데캐슬(1,945세대, 2022년 1월 입주 예정)입니다.

2021년 현재 아직 입주 전이고 전매제한 단지로 조합원 입주권만 거래가 가능합니다. 그 덕분에 송파구의 대단지 신축임에도 불구하고, 주변 일반 아파트 가격과 크게 차이가 나지 않는 선에서 매물이 나오는 대로 거래되고 있습니다.

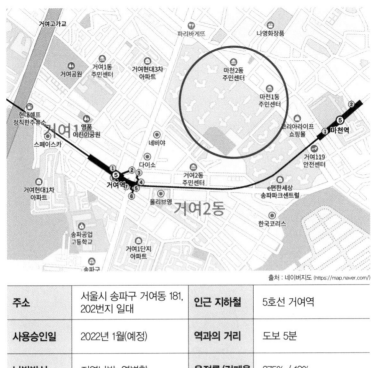

출처 : 네이버지도 (https://map.naver.com/)

주소	서울시 송파구 거여동 181, 202번지 일대	인근 지하철	5호선 거여역
사용승인일	2022년 1월(예정)	역과의 거리	도보 5분
난방방식	지역난방, 열병합	용적률/건폐율	275% / 19%
총 세대수	1,945세대	병원	경찰병원
배정학교	영풍초/보인중/보인고	편의시설	스타필드, 롯데마트
평당가격	4,687만 원 (15억 7천, 33평 고층)		

　　조합원 입주권은 초기 투자금이 많이 필요하다는 것이 단점이지만 그런 부담 덕분에 가격이 저렴합니다. 아직 입주 전에 이러한 매물을 잡을 수 있다면 향후 대단지 신축의 인프라와 높은 시세 차익을 동시에 누릴 수 있을 것입니다.

③ 방이동 코오롱아파트

역세권이면서 초등학교와 중, 고등학교가 모두 아파트 단지와 붙어 있는 송파구의 30평대 아파트가 아직 15억 이하입니다. 주변이 대부분 재건축을 바라보는 아파트들이어서 향후 재건축 이주 수요로 인한 전세가 상승이 예상되고 따라서 일정 부분 가격 상승

출처 : 네이버지도 (https://map.naver.com/)

주소	서울시 송파구 오금로31길 28	인근 지하철	5호선 방이역, 3호선 오금역
사용승인일	1991년 10월	역과의 거리	도보 3~13분
난방방식	지역난방, 열병합	용적률/건폐율	248% / 정보 없음
총 세대수	758세대	병원	경찰병원
배정학교	방산초/방산중/방산고	편의시설	롯데월드타워, 롯데월드몰
평당가격	4,274만 원 (14억, 32평 중층)		

도 기대가 됩니다. 아직 리모델링은 확실히 정해진 것이 없으나 향후 정상적으로 추진 시 방이동 일대에서 시세를 견인하는 대장 아파트가 될 것입니다.

버스 노선 또한 대부분 잠실역을 경유하기 때문에 2호선 역세권은 아니지만 2호선 생활권인 아파트이며, 방이동 학원가를 편리하게 이용할 수 있고, 대치동까지 라이딩도 가능하여 학군을 중시하는 부모에게도 매력적인 아파트가 되겠습니다.

올림픽공원까지 산책하기도 좋고 근처에 유해 시설이 없어 조용합니다. 5호선 방이역은 도보 3분으로 초역세권이고 버스를 활용하여 편리하게 잠실역까지도 갈 수 있으며 9호선 송파나루역, 3호선 오금역도 멀지 않습니다. 방이역 주변으로 모든 편의시설이 갖추어져 생활하기 좋습니다. 다만, 아파트가 오래되어 주차 공간이 협소한 것이 아쉬운 점입니다.

용산구

1. 서울의 중심부, 그 가치를 찾아가는 지역

2017년 7월, 용산 센트럴파크 해링턴 스퀘어의 분양이 있었습니다. 용산구 한강로3가에 위치한 이 단지는 지하 5층, 지상 최고 43층 6개동의 주상복합 아파트로 바로 뒤에 243만m² 규모의 초대형 국책사업 '용산민족공원'이 예정되어 있고 용산역과 신용산역이 가까워 주목을 받았지만 높은 분양가(평당 3,650만 원, 38평 기준 최저 14억 5천~18억 선)로 일부 평형에서 미계약분이 발생했습니다. 그 덕분에 계약일 이후 모델하우스에서는 내집마련(미계약분을 사전 신청자에 한해 모델하우스에서 추첨하는 제도로 지금은 온라인으로 바뀌었습니다) 추첨이 진행되었습니다.

당시 청약만 넣어도 추첨을 통해 경품으로 벤츠를 지급하는 등 파격적인 조건이었지만 38평 기준 저층을 제외하면 15억이 넘는 분양가는 아무리 용산의 초고층 주상복합이라고 해도 2017년 기준으로는 꽤 높은 편이었습니다. 저 또한 모델하우스에 방문하여 향후 내집마련 추첨 행사에 참여할 수 있도록 신청을 미리 해놓았지만 결국 추첨일에는 고민 끝에 가지 않았습니다.

2021년 기준 용산 센트럴파크 해링턴 스퀘어는 분양가 대비 최소 8억 이상 오른 상황이며, 입주 후 안정화되면 용산을 대표하는 초고가 주상복합이 될 것으로 기대되고 있습니다. 용산 센트럴파크 해링턴 스퀘어로 용산구 소개를 시작하는 이유는 이 아파트가 용산에서 갖는 다양한 의미를 한 번 더 생각하기 위함입니다.

2009년 1월 20일, 용산 참사가 있었습니다. 용산 4구역에서 철거민과 전국 철거민 연합회 회원 및 경찰특공대 대원까지 총 6명이 재개발 반대와 강제 진압의 과정에서 안타깝게도 사망한 사건입니다. 당시 참사의 원인으로 철거민들의 무리한 시위와 경찰의 과잉 진압 사이에서 논란이 있었고, 2009년 10월 28일 농성자 9명 중 7명은 징역 5~6년 형을, 2명은 집행유예를 선고받았습니다. 훗날 검찰 과거사위원회는 경찰의 무리한 진압이 실제로 존재했음에도 검찰이 소극적, 편파적으로 수사했다는 결론을 내렸고 경찰청 진상조사위원회 또한 경찰청이 사망한 철거민과 경찰특공대원 유족에게 사과할 것을 권고했습니다.

이렇듯 사회적 파장이 컸던 이 사건이 발생한 용산 4구역이 초고층 주상복합으로 변화해 지금의 용산 센트럴파크 해링턴 스퀘어가 되었습니다. 그만큼 이 아파트는 용산의 과거와 현재, 그리고 우리가 풀어야 할 미래의 숙제까지를 모두 담고 있습니다. 재개발 철거 현장에서의 사회적 갈등은 늘 사회적 이슈가 되어 왔습니다. 부디 용산이 과거의 아픔을 딛고, 대한민국 서울의 중심이라는 입지에 걸맞은 최고의 미래 도시가 되길 기대합니다.

2. 지역 호재

용산은 서울의 중심부라는 입지답게 대형 호재가 곳곳에 있습니다. 용산 미군기지 이전을 통한 용산공원 조성, 신분당선 서북부 연장, GTX A·B노선 개통 등이 모두 이뤄진다면, 용산의 가치는 지금과는 비교할 수 없을 만큼 성장할 것입니다.

용산기지의 주한미군사령부는 이미 대부분 평택으로 이전했고, 2019년 6월 한미 간 합의로 한미연합사령부도 평택으로 이전할 계획입니다. 이르면 2022년까지 이전이 완료되고 용산기지 공원 조성 사업도 시작될 것입니다. 주한미군 이전에 따라 조성되는 용산국가공원 구역은 현재 243만m²에서 303만m²으로 약 60만m²(24.7%) 확장될 예정입니다. 용산공원 북단의 옛 방위사업청 부지 약 7만 3천m²와 군인아파트 부지(4만 4천m²)가 용산공원 경계 내로 편입되며, 용산기지 인근 국립중앙박물관(29만 5천m²), 전쟁기념관(11만 6천m²), 용산가족공원(7만 6천m²)도 공원 구역으로 포함됩니다.

실제 공원 조성까지는 수년의 시간이 더 걸릴 것이지만, 용산구의 중앙에 위치했던 미군기지가 그동안 용산구 전체적인 교통 단절에 영향을 미쳤던 만큼, 향후 이곳이 국가공원으로 바뀌면서 생활환경의 변화는 물론 그동안 제한적이었던 주변 개발 또한 상당히 진척될 것입니다.

현재 용산공원에서 용산역까지 지하 2층~지상 3층의 공간을 조성하여 광장과 상업시설 등을 건설하는 파크웨이사업(우선협상자: HDC현대산업개발)이 진행되고 있으며, 용산미군기지 이전이 완료되는 대로 공사가 착수될 예정입니다. 따라서 신분당선 연장선은 미군기지 이전 일정을 감안하여 2025년 개통을 목표로 하고 있습니다. 강남을 출발해 신논현~논현~신사~국립중앙박물관~용산에 이르는 신분당선 연장선 개통은 강남과의 접근성을 개선(신분당선 용산역에서 신사역까지 약 9분 소요)시키며 향후 국제업무지구 개발의 추진에도 영향을 줄 것입니다.

GTX B노선의 경우 용산에서 여의도가 단 한 개의 정거장으로 이동 여건이 대폭 개선될 것입니다. 다만 아직까지는 예타 통과라는 사업의 첫 단계가 끝난 수준으로 향후 신속하게 절차가 진행되는 것이 무엇보다 중요합니다. 앞으로 민자적격성 검토를 거쳐 2021년 상반기까지 기본계획 수립을 마치고 실시계획 승인 등의 절차를 밟아 이르면 2022년 말 착공하여 2027년경 완공 예정입니다.

GTX B노선의 사업 구간은 송도에서 마석 간 80.1km로 정거장은 모두 13개입니다. 송도·망우 구간(55.1km)은 새로 건설하고, 망우·마석 구간은 경춘선을 함께 사용하는 방식으로 추진되며, 총 사업비는 5조 7,351억 원(3기 신도시 계획 반영)으로 예상되고 있습니다. GTX B노선과는 다르게 가장 빠르게 추진되고 있는 GTX A노선은 2023년 완공을 목표로 하고 있으므로 서울역과 용산역 일대의 유동인구 증가는 물론 수도권 전반에 대한 광역교통 활성화가 이뤄질 것으로 보입니다.

굵직하고 장기적인 대형 호재들이 많은 용산에서 단기적인 호재도 있습니다. 현재 입지 대비 유수지와 자동차 정류장으로 활용되고 있는 용산역 뒤편의 용산 전자상가 인근으로 용산혁신지구가 생길 예정입니다. 총 사업면적은 약 1만 4천m², 사업비는 약 5,927억 원입니다. 2020년 시행계획 이후 2021년 착공하여 완공 후 30년간 LH가 위탁 운영하는 방식입니다.

용산혁신지구에는 신혼희망타운 120세대와 임대형 청년주택 380세대가 공급되고, 신사업체험시설과 창업지원, 공유공간 등 공공시설도 조성됩니다. 방사청 연구센터, 국방대학원 등의 대체 공공청사도 마련되는 용산혁신지구는 그동안 낙후되었던 해당 지역 일대를 개선하는 효과가 있을 것입니다.

3. 추천 아파트

용산구에서 추천하는 아파트는 1998년 입주로 비록 연식이 좀 되었지만 대단지에 리모델링을 추진하고 있는 이촌동 한가람, 초품아의 비교적 신축 아파트로 용산 철도 정비창 개발 호재 수혜 단지 용산e편한세상, 작은 규모이지만 새 아파트이면서 역세권에 초품아인 용산KCC스위첸입니다.

① 이촌동 한가람

이촌동의 한가람 아파트는 24년차 아파트로 현재 조용히 리모델링 추진 중에 있습니다. 리모델링 추진위원회가 설립된 이후 사업 진행 속도가 빨라지고 있다는 평가를 받고 있으며, 2021년 중에 조합 설립과 시공사 선정을 완료하겠다는 계획이라고 합니다.

출처 : 네이버지도. (https://map.naver.com/)

주소	서울시 용산구 이촌로 201	인근 지하철	4호선 · 경의중앙선 이촌역
사용승인일	1998년 9월	역과의 거리	도보 2분
난방방식	지역난방, 열병합	용적률/건폐율	358% / 23%
총 세대수	2,036세대	병원	중앙대학교병원
배정학교	신용산초/용강중/중경고	편의시설	이마트, 현대아이파크몰
평당가격	5,495만 원 (18억 5천, 33평 중층)		

2018년에 5개 단지가 통합 리모델링을 추진하다가 무산되었지만, 각각의 단지들이 리모델링을 추진하고 있음은 변함없습니다. 용산의 한강변 새 아파트가 되었을 때 한가람 아파트의 가치는 지금과는 비교하기 어려울 만큼 상승할 것입니다. 다만, 아직 리모델링 추진 초기 단계인 점을 감안하면 실제 새 아파트로 바뀔 때까지는 장기간 기다림이 필요할 것입니다.

4호선과 경의중앙선이 모두 가깝고 버스 정류장도 근처여서 서울 어디든 교통이 편리합니다. 주민센터와 어린이집이 가깝고 초등학교도 멀지 않아서 아이 키우기가 좋습니다. 이촌동 전체가 조용한 편이고, 치안도 좋으며, 한강에서 산책하기에도 좋습니다. 주차하기가 어렵지 않지만 주차장과 엘리베이터가 직접 연결되지 않은 점은 불편합니다. 아파트가 오래되어 간혹 층간소음이 심한 경우도 있습니다.

② 용산e편한세상

용산역 철도 정비창 개발계획 수혜를 입는 아파트입니다. 남정초등학교와 붙어 있고 단지 내 국공립 어린이집과 가정어린이집도 충분하여 아이를 안심하고 키울 수 있습니다.

6호선, 경의중앙선, 4호선, 1호선이 모두 도보로 이용 가능하고 아파트 주민들이 주로 이용하는 신계역사공원이 있어 주거환경이 우수합니다. 대단지 평지 아파트이면서 초품아에 대중교통 이용이 편리한 준신축 아파트는 서울 어디에서나 인기가 높으며 그런 아파트가 용산구에 있다면 더 눈여겨봐야 할 것입니다.

후문 맞은편에 어린이 도서관이 있어 다양한 교육 프로그램을 누릴 수 있습니다. 여름에는 단지 내 물놀이장이 있어 워터파크를 찾지 않아도 됩니다. 필요한 커뮤니티 시설이 잘 갖춰져 있고 넓은 지하 주차장에서 분리수거를 매일 할 수 있어서 편리합니다. 서울

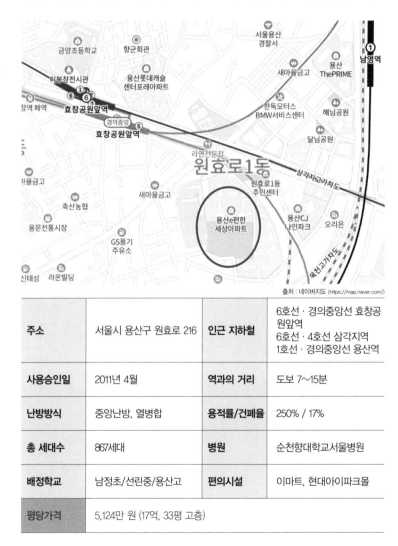

출처 : 네이버지도 (https://map.naver.com/)

주소	서울시 용산구 원효로 216	인근 지하철	6호선 · 경의중앙선 효창공원앞역 6호선 · 4호선 삼각지역 1호선 · 경의중앙선 용산역
사용승인일	2011년 4월	역과의 거리	도보 7~15분
난방방식	중앙난방, 열병합	용적률/건폐율	250% / 17%
총 세대수	867세대	병원	순천향대학교서울병원
배정학교	남정초/선린중/용산고	편의시설	이마트, 현대아이파크몰
평당가격	5,124만 원 (17억, 33평 고층)		

중심지 용산구에 위치하여 도보로 이용 가능한 지하철이 많고 아파트 후문 앞에 버스 정류장도 있어서 서울의 어디에 직장이 있어도 출퇴근이 편리합니다.

최근 신축에 비해 서비스 면적이 넓고 33평 B형은 방이 4개인 구조입니다. 분양 당시 고급 자재를 사용하여 지금도 견고한 느낌을 받습니다. 용산구에 이런 아파트가 있었나 싶을 만큼 좋은 곳이면서 가격이 저렴했지만, 지금은 33평대 17억 이상으로 가격이 오른 것은 유일한 단점입니다. 아파트 단지 밖 주변 환경은 혼잡하고 정비가 필요해 보이긴 합니다.

③ 용산KCC스위첸

효창동에 위치한 용산KCC스위첸은 단지와 금양초등학교가 붙어 있습니다. 노후 주택단지가 많은 효창동에서 드문 신축이면서 6호선과 경의중앙선의 효창공원앞역을 이용할 수 있어, 맞은편 용산롯데캐슬센터포레(478세대, 2019년 4월 입주)와 함께 효창동에서 인기 높은 아파트입니다. 경의중앙선을 이용하면 공덕역과 용산역이 모두 좌우로 한 정거장이므로 공덕 생활권과 용산 생활권을 모두 누릴 수 있으며, 아파트 앞쪽으로 건물들이 낮아 뷰가 트여 있습니다.

강남까지 버스 노선이 있어서 강남 출퇴근도 가능합니다. 경의선 숲길과 효창공원이 모두 이용 가능해서 쾌적한 생활환경을 자랑하고 아파트 바로 옆으로 내과 병원이 있어 국가 검진 등이 가능합니다. 아파트 뒤로는 남산타워가 보이고 앞으로는 63빌딩이 보이는 뷰로 호텔 라운지가 부럽지 않은 베란다 뷰입니다. 용산구에서 이런 입지를 가지면서도 신축인 점이 가장 큰 장점입니다. 다만, 대로변 앞이라서 소음이 유입되고 세대수가 적다 보니 관리비가 높은 편입니다.

출처 : 네이버지도 (https://map.naver.com/)

주소	서울시 용산구 백범로 275	인근 지하철	6호선 · 경의중앙선 효창공원앞역
사용승인일	2018년 9월	역과의 거리	도보 2~4분
난방방식	개별난방, 도시가스	용적률/건폐율	235% / 25%
총 세대수	199세대	병원	서울적십자병원
배정학교	금양초/선린중/배문고	편의시설	이마트, 현대아이파크몰
평당가격	4,706만 원 (16억, 34평 중층)		

절대 실패하지 않는 아파트 매수의 원칙

　지금까지 서울 구석구석을 살펴보며, 자치구별 호재와 추천 아파트들을 정리해보았습니다. 이제는 책을 읽으면서 마음에 담아 두었던 아파트들을 방문해 살펴보고, 근방의 공인중개사 사무소에 들러 정보를 얻을 차례입니다.

　저는 관심 지역의 공인중개사 사무소(이하 중개업소)를 무작정 찾기 전에, 반드시 미리 전화를 해서 볼 아파트를 정하고 일정을 잡은 뒤에 들리는 편입니다. 만약 불쑥 중개업소를 방문한다면, 그 지역의 대략적인 정보는 들을 수 있어도 관심 있는 집을 볼 수 없을지도 모릅니다.

　따라서 최소한 해당 지역의 대표 아파트와 그 시세, 주변 학군 등을 미리 숙지하고, 자신의 가용자금과 이사 가능 시기, 세입자를 들일 것인지의 여부에 대해서도 정확히 파악하고 확정 지은 뒤에 중개업소를 찾는 것이 좋습니다. 아울러, 방문 당일에 매매 계약을 하게 되는 긴급한 경우가 생길 수도 있으므로, 사전에 일일 계좌이체 한도를 조정해둘 필요가 있습니다.

집을 보게 된 뒤에는 아무리 괜찮은 곳이었다 할지라도, 계약을 너무 서두르지 않는 편이 좋습니다. 본인의 가용자금과 처음에 정한 매수 금액을 지키는 선에서 정말 원했던 조건이라면 바로 계약하는 실행력도 필요하지만, 그렇지 않다면 과감히 하루 더 고민해보겠다고 하고 그 자리에서 일어나는 결단력도 필요합니다.

다른 최저가 매물의 존재 여부, 입주 가능 시기, 전세입자의 유무, 현 주인이 매도하는 이유와 가격 조정이 가능한 선을 알아보는 것이 우선입니다. 그 외 집의 내부 상태와 학군, 유해환경, 대형마트나 병원 등 편의시설, 교통 등도 체크해야 합니다.

아파트를 매수할 때 어느 한 지역의 한 아파트만 고려해서는 안 됩니다. 다양한 경우에 대비하여 여러 아파트를 같이 선택지에 두고 결정하는 편이 현명할 것입니다. 따라서 관심 아파트를 여러 번 방문한 이후에 가장 본인의 조건에 맞는 아파트를 매수하는 것이 최선이며, 절대 실패하지 않는 내 집 마련의 기본 원칙입니다. 부디 이 책을 읽는 모든 분이 원하는 집을 결국 구하게 되고, 그로 인해 마음의 안정을 찾고 경제적 목표를 이루었으면 좋겠습니다.

부동산 입지분석 고수 탑곰의 비밀노트
서울 아파트 황금 지도

초판 1쇄 발행 2021년 1월 27일
초판 9쇄 발행 2021년 2월 10일

지은이 탑곰
펴낸이 박지수

펴낸곳 비에이블
출판신고 2020년 4월 20일 제2020-0000042호
주소 서울시 성동구 연무장11길 10 우리큐브 283A호(성수동2가)
이메일 b.able.publishers@gmail.com

ⓒ 탑곰, 2021
값 16,500원
ISBN 979-11-90931-33-5 03320